JN074528

法人登記実務 から見た

労働者協同組合の運営

立花 宏
西山 義裕 ［著］

中央経済社

はしがき

　本書は，令和４年10月１日に施行された労働者協同組合法により創設された「労働者協同組合」の登記実務と，その前提となる法人組織に関する基礎知識の解説を試みたものです。

　法律の施行後間もないこともあり，本書執筆時点においては，この「労働者協同組合」という新しい法人制度の利用は，それほど進んでいないようです。この法律が目指す，市民が協同で出資をして組合員となり，経営に主体的に参加しながら，労働者として事業に従事するという基本原理に基づく組織の運営方法は，使用者に雇用されて仕事に従事するという，従来，主流であった雇用形態とは異なる働き方を提案するものといえます。市民１人ひとりが，自分の生活の状況やライフスタイルにあわせ，やりがいをもって仕事に取り組むことを可能とする働き方といえるでしょう。

　そして，この法律は，前記の基本原理に基づき法人を運営することを通じて，「多様な就労の機会の創出」と「地域における多様な需要に応じた事業が行われること」を促進することにより，「持続可能で活力ある地域社会の実現に資すること」を目的としています。この法律の目指すものが理解され，社会に共有されていけば，この法人制度を利用したいという団体は増えていき，この法人制度の利用は着実に進んでいくものと想像しております。

　しかし，この法人制度を利用するにあたっての法務実務面を解説している文献等は多くはなく，本書執筆時点では，登記の実務面についてまで踏み込んで解説している文献等は非常に限られています。この法人を支援しようとする法律実務家や，この法人制度を利用しようとする団体の法務実務の担当者が参考にすべき資料がないと，そのことが法人制度の利用へのブレーキになりかねません。

　本書は，社会的に意義を有するこの新しい法人制度の利用が着実に進んで欲しいという想いから，行政書士資格も有する登記実務の専門家である司法書士

が，登記実務家の視点で，組織とその運営についての法務から登記手続までを解説したものです。さらに，登記に関係する部分ではありますが，行政庁への届出についても言及しております。

　なお，本書は，制度創設直後の法律実務家や法務実務の担当者の皆様の実務のお役に立つことを主要な目的としております。しかし，組織の運営，各種変更登記や，解散，合併の手続・登記までを網羅し，登記申請書やその添付書面等も，実務で利用可能な書式例を可能な限り提示しており，「労働者協同組合」の実務に関与される法律実務家や法務実務の担当者の皆様に，永くお役に立つ内容であると確信しております。

　多くの実務家の皆様にご利用いただければ幸いです。

令和5年6月

　　　　　　　　　　　　　　　　　著　　　　者　司法書士・行政書士　**立花　宏**

　　　　　　　　　　　　　　　　　著者（協力）　司法書士・行政書士　**西山義裕**

目　　次

第2章　労働者協同組合の機関等の概要 ──── *21*

第4章　特定労働者協同組合の 申請等関係書式（参考）――――――― 183

<h2>凡　例</h2>

<h3>1　本書において使用した法令名の略語</h3>

略語	法令名
労協法	労働者協同組合法
労施令	労働者協同組合法施行令
労施規	労働者協同組合法施行規則
会	会社法
会施規	会社法施行規則
組登令	組合等登記令
商登規	商業登記規則
法登規	各種法人等登記規則
民	民法

<h3>2　文献</h3>

略称	文献名（出版社）
時の法令	「時の法令」（株式会社朝陽会）
中央会・逐条解説	全国中小企業団体中央会編集『第二次改訂版　中小企業等協同組合法逐条解説』（第一法規）
相澤ほか・論点解説	相澤哲・葉玉匡美・郡谷大輔編著『論点解説　新・会社法千問の道標』（商事法務）
書式精義	登記研究編集室編『法人登記書式精義【第2巻】』（テイハン）
360問	神﨑満治郎・金子登志雄・鈴木龍介編著『商業・法人登記360問』（テイハン）
江頭・会社法	江頭憲治郎『株式会社法第8版』（有斐閣）
松井・ハンドブック	松井信憲『商業登記ハンドブック第4版』（商事法務）
会社法・コンメンタール15	落合誠一編『会社法コンメンタール12定款の変更・事業の譲渡等・解散・清算〔1〕』（商事法務）
登記研究	月刊「登記研究」（テイハン）

第 1 章

総　説

I 労働者協同組合とは

1．労働者協同組合法の制定とその目的

　令和2年12月に「労働者協同組合法（令和2年法律第78号）」が成立し，令和4年10月1日から施行されました。この法律により，「労働者協同組合」という新しい法人類型が創設されました。労働者協同組合法は，「多様な働き方を前提とした就業環境の整備」，「人々の意欲と能力が活かされる社会の実現」を目指して制定された法律です[1]。この法律の1条（目的）がその意義をよく表しています（下線は筆者による）。

> **労働者協同組合法**
> （目的）
> 第1条　この法律は，各人が生活との調和を保ちつつその意欲及び能力に応じて就労する機会が必ずしも十分に確保されていない現状等を踏まえ，組合員が出資し，それぞれの意見を反映して組合の事業が行われ，及び組合員自らが事業に従事することを基本原理とする組織に関し，設立，管理その他必要な事項を定めること等により，多様な就労の機会を創出することを促進するとともに，当該組織を通じて地域における多様な需要に応じた事業が行われることを促進し，もって持続可能で活力ある地域社会の実現に資することを目的とする。

　この法律の立案を担当した衆議院法制局は，社会において，次のような関心が高まっており，これは，働きがいのある人間らしい仕事（ディーセント・ワーク）を目指そうとする国際的な流れにも合致すると説明しています[2]。

1　2001年3月の厚生労働大臣質疑より。
2　衆議院法制局第五部一課「法令解説　労働者協同組合法の制定」（「時の法令」No.2122，5頁以下）

> 市民が一般企業で働こうとする際，子育てや介護，あるいは病気や障害のため，フルタイムでは従事することができない，通常の事務作業では能力を発揮できないなどの事情は往々にしてある。そこで，事業を行おうとする市民自らが，やりがいを感じられる事業を創出し，自分に合った形で主体的に働くことを通じて，地域の課題を解決し，地域に貢献しようとすること。

　この法人の名称に含まれる「協同労働」は，自ら出資し，事業の運営に携わりつつ事業に従事する事業・労働形態であり，それを実現しようとするこの法人制度は，「持続可能で活力ある地域社会を実現するため，出資・意見反映・労働が一体となった組織であって，地域に貢献し，地域課題を解決するための非営利の法人を，簡便に設立できる制度」[3]といえます。法定の要件を満たせば設立が可能となる準則主義が採用されており，設立にあたって，認可や認証は不要です。地域の課題に迅速に対応できるようにすることが，準則主義を採用した理由だとされています[4]。

　また，労働者協同組合法の施行日である令和4年10月1日の前である令和4年6月に「労働者協同組合法等の一部を改正する法律」が成立しています。この改正は，税制上の優遇措置を受けることができる「特定労働者協同組合」の制度を設けるための法改正です。

　なお，この労働者協同組合法の附則には，中小企業等協同組合法に基づく「企業組合」と，特定非営利活動促進法に基づく特定非営利活動法人（以下，「NPO法人」という）からの，組織変更が規定されています。これまでも，前記の性質を有する組織・団体はありましたが，それを規定する法制度がなかったため，任意団体のほか，企業組合の制度が利用されていました。そして，平成10年に特定非営利活動促進法が施行されてからは，NPO法人の制度も利用されるようになっていました。そうした経緯もあり，労働者協同組合法施行後3年間に限り，この2つの法人からの組織変更が認められました。

3　厚生労働省ウェブサイトの資料より。
4　衆議院法制局第五部一課「法令解説　労働者協同組合法の制定」（「時の法令」No.2122，15頁）

２．労働者協同組合の特徴

　この法人は，①組合員による出資（出資原則），②組合員の意見を反映した事業の運営（意見反映原則），③組合員自らがその事業に従事（従事原則）の３つを基本原理と位置付けています。

　もともとは，出資・経営・労働が三位一体となった法人ということを想定していました。しかし，“経営”となると，経営者であって，労働者とは言えず，労働諸法令による保護が受けられないのではないか，との懸念があり，法律の立案過程で，“経営”の部分は，「共益権の行使を通じての経営への参画（＝意見反映）」と捉え直され，法制化されました。これにより，基本的には，組合員は労働諸法令の保護の対象となる労働者に該当するものと考えられますが[5]，最終的には個々の実態基準だと考えられ[6]，経営への関与の度合いによっては，労働者該当性が否定される可能性もないとはいえません。今後の判例等への動向に注意が必要といえるでしょう。

　前記のとおり，これまでも，労働者協同組合法が想定しているような性質を有する団体は，すでに世の中に存在していました。これに法人格を与える法制度はこれまでなかったため，そうした団体の中には，法人格を必要とするものがあり，特定非営利活動促進法によるNPO法人や中小企業等協同組合法による企業組合という法人格を利用していた団体もあったようです。そうした団体の中には，労働者協同組合法が施行された場合，労働者協同組合に組織変更をしたいという意向を持っているものも少なくないといわれています。

　ちなみに，これらの法人の大雑把な比較は次頁の表のとおりです。

5　株式会社において，労働者が株主となることができるのと同様，運営に主体的に参加する立場にあっても，業務執行者の指揮命令に服して労務を提供する立場については，労働者として保護されるという新しい働き方を創設したとする考え方もある（橋本陽子「労働者協同組合法─新しい法制度の概要と理論的課題」（「ジュリスト」（有斐閣）1558号75頁以下）。

6　「労働者協同組合及び労働者協同組合連合会の適正な運営に資するための指針」（令和４年厚生労働省告示第188号）第４.４(1)。参考までに，関連する裁判例として平成30年９月25日東京地裁立川支部判決がある。

	労働者協同組合	NPO法人	企業組合
出資	○	×	○
設立	準則主義	認証主義	認可主義
設立時の組合員 （社員）数	3人以上	10人以上	4人以上
機関構成	総会（総代会），理事会，理事，監事（組合員監査会）	社員総会，理事，監事	総会，理事会，理事，監事
事業	労働者派遣事業を除く事業	主たる事業は特定非営利活動	制限なし
活動	非営利（※）	非営利	営利

※出資配当はできない。

そのほか，基本的な特徴として，次のようなものがあります。

(1) 組合が行う事業

　基本原理に従い，持続可能で活力ある地域社会の実現に資することを目的とする事業であれば，原則として，自由に行うことができます。ただし，労働者派遣事業の適正な運営の確保及び派遣労働者の保護等に関する法律第2条第3号に掲げる労働者派遣事業は行うことができません（労協法7条2項，労施令1条）。これは，労働者派遣事業は，他人の指揮命令を受けて，当該他人のために労働に従事させる事業であり，①組合員による出資（出資原則），②組合員の意見を反映した事業の運営（意見反映原則），③組合員自らがその事業に従事（従事原則）という労働者協同組合の基本原理に反するものだからです[7]。

　なお，行おうとする事業について，行政庁の認可等を必要とする場合には，当然ながら，その事業を行うにあたっては，当該認可等を受ける必要があります。

7　衆議院法制局第五部一課「法令解説　労働者協同組合法の制定」（「時の法令」No.2122，17頁以下）

⑵ 労働契約の締結

労働者協同組合は事業に従事する組合員との間で，労働契約を締結する必要があります。総組合員の5分の4以上が事業に従事し，事業に従事する者の4分の3以上が組合員であることを要します（労協法8条）。また，労働契約を締結する組合員が総組合員の議決権の過半数を保有する必要があります（労協法3条2項4号）。

① 5分の4要件について

基本原理の③従事原則を踏まえれば，組合員全員が事業に従事すべきだといえます。しかし，病気等の事情で，事業に従事する意思はあっても，しばらくの間，現実には従事することができない状況になる場合もあり得ます。そうした組合員も，ただちに組合から脱退することを求めるのは適当ではないという考えから，一定程度の事業に従事しない組合員の存在を許容することが目的の要件です。

なお，長期間にわたって事業に従事しないことが，除名事由の1つとなっていますが（労協法15条2項1号），これは，単に長期間には及ばない期間，事業に従事しないことのみでは，除名されることはないということをも意味しています。

ところで，「事業に従事する組合員」の範囲ですが，労働者協同組合法第20条で，「事業に従事する組合員（次に掲げる組合員を除く。）」とし，「組合の業務を執行する組合員」，「理事の職務のみを行う組合員」および「監事である組合員」を除外していることから，労働者として働く組合員だけでなく，理事や監事も「事業に従事する組合員」の範囲に属するものと考えられます[8]。

---

8 水野秀樹「労働者協同組合法の内容と問題点」（「季刊・労働者の権利」340号（日本労働弁護団）50頁）

② 4分の3要件について

　事業を行おうとする市民自らが，やりがいを感じられる事業を創出し，自分に合った形で主体的に働くことを目指して基本原理が定められたことを考えると，労働者協同組合において事業に従事するのは，自らの意見を経営に反映させる方法が確保されている組合員に限定することが望ましいといえます。しかし，事業に従事することができる者を組合員に限定してしまうと，事業の繁忙期等に，事業に従事する人員が不足し，事業を行うのに支障をきたす場合も想定されます。その不足を補うために，組合員以外に事業に従事するアルバイト等を雇用するというニーズがあることも否定できません。

　また，組合員となろうとする者の中には，労働者協同組合の事業に従事しながら，分割で出資の払込みを行いたいという者がいることも考えられます。しかし，労働者協同組合では，組合員となるために，出資全額の払込みを完了する必要があるため（労協法12条2項），労働者協同組合の事業に従事することができる者を組合員に限定してしまうと，そうした者が労働者協同組合の事業に従事することができなくなってしまいます。

　こうした必要性と，前記の労働者協同組合の基本的な性格のバランスをとるため，労働者協同組合法では，組合の行う事業に従事する者の4分の3以上は，組合員でなければならないという規定を設けたのです。

　なお，労働者協同組合法の附則に特例が設けられており（労協法附則3条），障害者の日常生活及び社会生活を総合的に支援するための法律第5条第14項に規定する就労継続支援に係る同法29条1項に規定する指定障害福祉サービスまたは同法第30条第1項第2号に掲げる基準該当障害福祉サービス（以下，「特定就労継続支援」という）を行う組合においては，特定就労継続支援を受ける者は，事業従事者に関する人数要件においては算定の対象としないものとされています。

　この規定の趣旨は，労働者協同組合において，特定就労継続支援事業が滞りなく行えるように計算上の扱いを定めたものです。

③ 過半数要件について

「労働者協同組合の意思決定が労働契約を締結して事業に従事する組合員の手に委ねられるべきであることを議決権の上でも明確にする趣旨」だとされています[9]。

なお，これに違反する状況で総会の議決が行われた場合の決議の効力について，私見では，決議の方法の違反として，決議の取消事由（労協法70条で会社法831条を準用）とはなっても，無効事由とはならないと考えます。

(3) 従事分量配当

労働者協同組合は，非営利法人と位置付けられています。しかし，基本原理の1つに，①出資原則があります。つまり，組合員による出資を認め，労働者協同組合に対する持分が認められています。

これは，労働者協同組合は，事業を行おうとする市民自らが，やりがいを感じられる事業を創出し，自分に合った形で主体的に働くことを目指していることから，その財産的基礎も，事業を創出し，そこで主体的に働こうとする者自らが確保するという考え方によるものです。

しかし，前述のように非営利法人と位置付けられていますので，出資に対する配当を認めることは適当ではなく，認められていません。

一方で，労働者協同組合の剰余金は，組合員が事業に従事した成果であるため，その成果を，組合員が労働者協同組合の事業に従事した程度に応じて分配することは許容されるものと考えられます[10]。そこで，労働者協同組合法第77条第2項では，「剰余金の配当は，定款で定めることにより，組合員が組合の事業に従事した程度に応じてしなければならない。」と規定しています。これを従事分量配当と呼びます。事業に従事した程度に応じて行われますが，性質上，あくまでも配当であって，労働契約に基づく賃金とは別のものであること

9　衆議院法制局第五部一課「法令解説　労働者協同組合法の制定」（「時の法令」No.2122，17頁）
10　衆議院法制局第五部一課「法令解説　労働者協同組合法の制定」（「時の法令」No.2122，17頁以下）

に注意が必要です。

　この，事業に従事した程度の具体的な評価に当たっては，日数，時間等が主な考慮要素となります。業務の質や責任の軽重等も考慮されるものと考えられますが，各組合において，組合員の意見を反映して決定されるべきものといえますから，具体的な評価の方法については，定款に記載する事項として，各組合に委ねられています[11]。

　なお，この配当は，後記の準備金および就労創出等積立金ならびに教育繰越金を控除した後でなければ行うことができません（労協法77条1項）。

　ちなみに，労働者協同組合法第78条では，定款で定めることにより，組合員が出資の払込みを終わるまでは，その組合員に配当する剰余金を，その払込みに充てることができるものと定められています。この規定ですが，出資1口の金額の増加等の場合には適用がありますが，原始加入や設立時に出資に未払いのある組合員となろうとする者には適用はないものと考えられます。組合に加入しようとする者は，引受出資口数に応ずる金額の払込みを完了した時に組合員となるものとされており（労協法12条2項），これらの場合には，そもそも，組合員たる地位を取得しておらず，組合員に対して行われるものとされている従事分量配当の対象者ではないからです。

(4)　準備金・就労創出等積立金・教育繰越金

　労働者協同組合の健全な運営を確保するため，また，継続して活動していくためには，事業拡大や人材育成が必要であるとの観点から，損失の塡補に充てる場合を除き，取り崩すことが許されない資金，また，「事業づくり」，「人づくり」の資金として，準備金，就労創出等積立金，教育繰越金の制度が設けられています。

　なお，準備金と就労創出等積立金は，毎事業年度の剰余金の一定割合以上を

11　令和4年5月27日雇均発0527第1号厚生労働省雇用環境・均等局長各都道府県知事宛通知

積み立てるという形であるのに対し，教育繰越金は，毎事業年度の剰余金の一定割合以上を翌事業年度に繰り越すという形である点に注意が必要でしょう。

① 準備金

労働者協同組合は，定款に定める額に達するまでは，毎事業年度の剰余金の10分の1以上を準備金として積み立てなければなりません。定款に定める準備金の額は，出資総額の2分の1を下ってはなりません。また，この準備金は，損失の塡補に充てる場合を除いては，取り崩してはならないものとされています（労協法76条1～3項）。

② 就労創出等積立金

労働者協同組合は，その事業規模または事業活動の拡大を通じた就労の機会の創出を図るために必要な費用に充てるため，毎事業年度の剰余金の20分の1以上を就労創出等積立金として積み立てなければなりません（労協法76条4項）。これは，労働者協同組合法第1条に規定される「多様な就労の機会を創出することを促進する」という目的を達成することを，財政面から担保したものといえるでしょう。

③ 教育繰越金

労働者協同組合は，組合員の組合の事業に関する知識の向上を図るために必要な費用に充てるため，毎事業年度の剰余金の20分の1以上を教育繰越金として翌事業年度に繰り越さなければなりません（労協法76条5項）。

労働者協同組合は，地域における多様な需要に応じた事業が行われることを促進し，もって持続可能な活力ある地域社会の実現に資することを目的としており，その目的に賛同して加入した組合員が，各自の生活との調和を保ちつつ，その意欲および能力に応じて働いていくことを実現するための教育を目的とした財政制度といえるでしょう。

3. 特定労働者協同組合

(1) 概　要

　　特定労働者協同組合は，労働者協同組合法制定後，施行前である令和4年6月13日に成立し，同年6月17日に公布された労働者協同組合法等の一部を改正する法律により設けられた制度です。一定の要件を満たした労働者協同組合が，認定を受けることにより，税制上の（優遇）措置を受けられるようにするために設けられました。

　　この改正の趣旨は，労働者協同組合の事業の健全な発展を図り，持続可能で活力ある地域社会の実現に資するため，非営利性が徹底された労働者協同組合の認定制度を創設することが目的だとされています[12]。

(2) 特定労働者協同組合の認定（労協法94条の2および94条の3）

　　労働者協同組合は，次の基準に適合する組合であることについて，行政庁の認定を受けることができるものとされました。

【認定の基準】

ア．定款に剰余金の配当を行わない旨の定めがあること。

イ．定款に，解散した場合において組合員に対しその出資額を限度として分配した後の残余財産が国もしくは地方公共団体または他の特定労働者協同組合に帰属する旨の定めがあること。

ウ．アおよびイの定款の定めに反する行為（ア，イおよびエの基準の全てに該当していた期間において，剰余金の配当または残余財産の分配もしくは引渡し以外の方法により，特定の個人または団体に特別の利益を与えることを含む）を行うことを決定し，または行ったことがないこと。

---

[12]　令和4年5月27日雇均発0527第1号厚生労働省雇用環境・均等局長各都道府県知事宛通知

エ．各理事について，当該理事および当該理事の配偶者または3親等以内の親族その他の当該理事と特殊の関係のある者である理事の合計数の理事の総数のうちに占める割合が，3分の1以下であること。

　前記にかかわらず，次のいずれかに該当する労働者協同組合は，認定を受けることができません（労協法94条の4）。

【欠格自由】
ア．その役員のうちに，次のいずれかに該当する者があるもの
　a．特定労働者協同組合が認定を取り消された場合において，その取消しの原因となった事実があった日以前1年内に当該特定労働者協同組合の業務を行う理事であった者でその取消しの日から2年を経過しないもの
　b．この法律もしくは暴力団員による不当な行為の防止等に関する法律の規定に違反し，または刑法第204条等の罪もしくは暴力行為等処罰に関する法律の罪を犯し，罰金の刑に処せられ，その執行を終わり，または執行を受けることがなくなった日から2年を経過しない者
　c．禁錮以上の刑に処せられ，その刑の執行を終わり，または刑の執行を受けることがなくなった日から2年を経過しない者
　d．暴力団の構成員等
イ．認定を取り消され，その取消しの日から2年を経過しないもの
ウ．その定款の内容が法令または法令に基づく行政庁の処分に違反しているもの
エ．次のいずれかに該当するもの
　a．暴力団
　b．暴力団または暴力団の構成員等の統制の下にあるもの

(3)　名称の使用制限

　特定労働者協同組合でない者は，その名称中に，特定労働者協同組合である

と誤認されるおそれのある文字を用いてはならないこととされました（労協法
94条の7）。認定を受けた特定労働者協同組合が，その名称中に特定労働者協
同組合の文字を用いなければならないという規定はないため，認定を受けた場
合であっても，「労働者協同組合○○」という名称を「特定労働者協同組合○
○」というように変更する義務はありません。なお，変更した場合であっても，
認定は登記の効力要件ではないため，登記申請の際認定書等は添付書面となり
ません（「登記研究」903号11頁）。

(4) 特定労働者協同組合に係る主な特例

　特定労働者協同組合に係る主な特例としては，監事のうち1人以上は，外部
監事でなければならない（労協法94条の11第1項）というものや，組合員監査会
（組合員監査会の詳細は第2章で説明します）を置くことにより監事を置かな
いような機関構成は許されないというものがあります（労協法94条の11第1項）。
　そのほか，剰余金の配当をしてはならない（労協法94条の15），解散・清算の
結果，残余財産がある場合は，組合員に対し，出資口数に応じて分配するもの
とし，ただし，その分配額は，出資額を限度とする。その結果なお残余財産が
ある場合は，定款で定めるところにより，国もしくは地方公共団体または他の
特定労働者協同組合に帰属させなければならない（労協法94条の17），等があり
ます。

(5) 地方税法等

　特定労働者協同組合の創設に伴い，地方税法等が一部改正されています。

① 法人税法

　特定労働者協同組合を公益法人等の範囲に加え，収益事業から生じた所得以
外の所得を非課税とする等の改正がありました（法人税法37条4項，66条1項お

よび2項ならびに別表第二）。なお，収益事業については，法人税法施行令第5条に規定されています。

② 地方税法

特定労働者協同組合の事業に係る法人の事業税について，事業の所得または収入金額のうち，収益事業に係るもの以外のものは非課税とされました（地方税法72条の5第1項2号）。なお，この収益事業は，地方税法施行令第15条により，法人税法施行令第5条に規定される事業だとされています。

なお，地方自治体によっては，公益法人について，法人市県民税の免除制度等を設けている場合があるようです。今回の改正の内容には含まれておりませんが，この特定労働者協同組合も同様の扱いをする地方自治体もあるかもしれません。この点は各地方自治体にご確認いただきますようお願いいたします。

③ その他

その他としては，租税特別措置法の一部（41条の12の2第1項等），所得税法の一部（177条1項等）が改正されています。なお，特定労働者協同組合に限らず，労働者協同組合に関する法人登記の申請については，登録免許税は，課税されません。

Ⅱ 想定される利用形態

　この法人類型は，自分達で地域の課題を探り，それを解決するために，主体的に働き，地域社会に貢献するという目的があれば，どのような事業でも利用することができると思われます。関連団体の資料[13]によると，任意団体等の形式で，介護・生活支援（介護サービス，配食サービス等），子育て支援（学童保育，児童デイサービス等），弁当・食事関連（仕出し弁当，レストラン，パン・菓子・ジャム等の製造販売，学生寮での食事づくり）等，様々な業種で利用されているようです。

　会社の設立とは違ったイメージを持つ必要があるのかもしれませんし，起業のメインの選択肢になる可能性は高くはないと思いますが，今後，法人設立の相談を受けた際には，設立する法人類型の選択肢の１つとして想定する必要があるのかもしれません。

　また，それ以外に想定される利用形態としては，地方公共団体から，公の施設の指定管理者に指定されるための団体があげられるでしょう。この労働者協同組合としての性質を有している法人が，指定管理者に指定されていることも少なくないと思われます。なぜかといえば，そうした団体のこれまでの経緯からいって，指定管理者制度と親和性があると思われるからです。

　第二次世界大戦直後の話になりますが，当時，失業者が増加し，失業対策事業が行われていました。その後，高度成長期になり，そのニーズが小さくなったとして，この失業者対策事業は打ち切られました。しかし，その後も，失業者対策の求めがあり，公共団体が就労のための事業を行うことを検討します。とはいっても，公共団体が，直接，失業者を雇用することを避けたいという意

13　「季刊社会運動」No.443「ワーカーズ・コレクティブ　労働者協同組合法を知る」（一般社団法人市民セクター政策機構）

向もあり，その受け皿となるための団体が作られました。公共団体からそうした団体に事業が委託され，委託を受けた団体が失業者を雇用するといったイメージです。今回の労働者協同組合法の制定過程で，一定の役割を果たした団体の中には，そうした団体から発展してきたものもあったようです。そうした性質上，この労働者協同組合という法人は，指定管理者制度とも親和性があるのだろうと思われます。

　そのほかにも，海外の事例にはなりますが，事業に従事していた労働者達が労働者協同組合としての性質を有する団体を作り，廃業しようとした経営者から，その事業を承継した例もあるようです。ケースは限定されると思いますが，事業承継にも利用することができる法人類型といえるでしょう。

Ⅲ　組織変更

　この労働者協同組合という法人類型を利用することが見込まれる団体には，労働者協同組合法施行前に，中小企業等協同組合法に基づく企業組合，そして，特定非営利活動促進法に基づくNPO法人として法人格を取得していた団体もありました。もし，そうした団体が労働者協同組合となろうとすると，何も規定がなければ，一度解散・清算した上で労働者協同組合を設立する必要があります。

　そうだとすると，現在，締結されている契約等の扱い等が複雑となり，団体としての事業の遂行に大きな影響が及ぶ可能性があります。そこで，労働者協同組合法の附則において，同法施行後3年以内に限り，法施行の際に現存するものに限り，企業組合またはNPO法人から，労働者協同組合への組織変更をすることが認められました。

　一般社団法人等，企業組合またはNPO法人以外の法人格を利用していた団

体がある可能性もありますが，そうした団体については，労働者協同組合法では組織変更をすることができる旨の規定が設けられませんでしたので，労働者協同組合となろうとするのであれば，原則どおり，一度解散・清算し，別法人として，労働者協同組合を設立する必要があります。

Ⅳ　行政による監督

　労働者協同組合は，法定の要件を満たせば設立が可能となる準則主義が採用されており，設立にあたっては，認可や認証は不要です。

　ただし，労働者協同組合法では，行政庁（都道府県知事。労協法132条）が，労働者協同組合に対する監督を行うことが規定されています。

　たとえば，労働者協同組合が成立したとき（労協法27条），役員の変更があった場合（労協法33条）や，定款を変更した場合（労協法63条3項），一定の事由により解散した場合（労協法80条3項）等には行政庁に届け出なければならないとされています。

　また，毎事業年度，通常総会終了後に貸借対照表，損益計算書等の提出も必要です（労協法124条）。

　さらに，行政庁は，労働者協同組合が法令，法令に基づいてする行政庁の処分，定款または規約を守っているかどうかを知るために必要な報告を徴することができるものとされています（労協法125条）。これらに違反する疑いがある等の場合には，検査をすることもできるとされています（労協法126条）。

V 法人登記実務への影響

　登記事項や手続の詳細については後記いたしますが，労働者協同組合に関しては，主に，次のような法人登記に関する実務が必要になると考えられます。

1．定期的に必要となる登記

　労働者協同組合において，定期的に必要となる登記手続としては，代表理事の変更登記が考えられます。労働者協同組合の登記事項として，代表理事の氏名，住所および資格があります。

　労働者協同組合法では，労働者協同組合の理事の任期は，原則として，2年以内において定款で定める期間と定められており（労協法36条），理事の構成に変更がなくても，一定期間ごとに，理事の選任手続が必要です。

　そのため，代表理事に変更がなくとも，代表理事を選定し直す必要があり，その変更の登記が必要となります。

2．変更等があった場合の登記

　労働者協同組合においては，名称や事務所のほかに，目的および業務といったもののほか，出資1口の金額およびその払込みの方法や，出資の総口数および払い込んだ出資の総額等が登記事項となっています。こうしたものが変更になった場合は，変更の登記が必要となります。特に，出資の総口数および払い込んだ出資の総額の変更の登記については，定期的な登記が想定されるといえるでしょう。

　また，労働者協同組合が解散したり，合併をしたりといった行為をした場合

も登記が必要となります。

3．時限的に必要となる登記

　前記のとおり，労働者協同組合法附則の規定により，労働者協同組合法の施行後3年間は，企業組合とNPO法人から組織変更することが認められています。

　この規定に基づき，企業組合やNPO法人が，労働者協同組合に組織変更をした場合は，その登記手続が必要となります。

第**2**章

労働者協同組合の
機関等の概要

　労働者協同組合の基本原理の1つに，②意見反映原則があります。組合員の意見を反映するための基礎的な機関として，総会が置かれます。しかし，労働者協同組合は，組合員が相当多数になる場合が想定されます。そのため，組合員の総数が一定数を超える労働者協同組合は，定款で定めるところにより，総会に代わるべき機関として，組合員の中から選挙された総代により構成される総代会を設けることができると規定されています。ただし，総代会は総会に代わるべき組織ではありますが，一定の重要事項は総代会では議決することができません。そのため，定款により総代会が置かれたからといって，総会が置かれないということではありません。

　総会は，役員である理事および監事を選任します。労働者協同組合においては，全ての理事で組織する理事会を置かなければならないとされており，労働者協同組合の業務執行については，理事会で決定します（労協法39条）。また，労働者協同組合には，理事の職務の執行を監査する役職として，原則として，監事を置かなければなりません。監事は，監査対象である理事からの独立性を確保するため，理事や使用人との兼職ができないものとされています（労協法43条）。

　一方で，小規模な労働者協同組合においては，その全員が理事または使用人として組合の活動に従事したいというニーズも考えられます。外部に監事の適任者を求めることが難しい場合もあるでしょうから，監事になることで兼職が禁止され，そうした活動に従事することができない組合員が必要になってしまうと，小規模な労働者協同組合の事業に支障が出ることも考えられます。そのような組合があることを考慮し，組合員の総数が一定数を超えない労働者協同組合では，定款で定めることにより，監事に代えて，理事以外の組合員をもって組織する組合員監査会を置くことができるものとされました（労協法54条）。理事の活動をほかの組合員がチェックできるような規模の組合であれば，各組合員による監査という仕組みを設けることが合理的であるという考え方によります[14]。

14　衆議院法制局第五部一課「法令解説　労働者協同組合法の制定」（「時の法令」No.2122，30頁）

以上のことから，組合員の機関構成は次の３つのパターンとなります。

ア．総会＋理事会
イ．総会＋理事会＋組合員監査会
ウ．総会＋総代会＋理事会

Ｉ　組合員

---

1. 資　格

　組合員たる資格を有する者は，定款で定める個人とされ（労協法6条），法人
である組合員は認められていません。法人である組合員が認められていないの
は，組合員自らが労働者協同組合の事業に従事するという，労働者協同組合の
基本原理（従事原則，労協法3条1項3号）に反することが理由だとされていま
す[15]。

　定款に規定する資格は，組合が行う事業等に応じて規定することになると考
えられますが，たとえば，組合の目的である事業に関する経験を有する者，等
とすることが考えられるでしょう[16]。

　なお，資格要件に該当する者が加入しようとする場合，正当な理由がないの
にもかかわらず拒むことは許されないものとされています。「相互扶助の精神
に基づいて共同して事業を行い，これによって公正な競争の確保，自主的な経
済活動の促進等を図ろうとするものであるから，組合は門戸を開放し，来る者
を拒まない」[17]という考え方によるのだろうと思われます。

15　衆議院法制局第五部一課「法令解説　労働者協同組合法の制定」（「時の法令」No.2122，19頁）
16　衆議院法制局第五部一課「法令解説　労働者協同組合法の制定」（「時の法令」No.2122，19頁）

2. 出　資

　組合員は，出資1口以上を有しなければならないものとされています（労協法9条1項）。これは，「組合員が出資すること」という労働者協同組合の基本原理の1つである出資原則（労協法3条1項1号）を具体化する規定といえます。「他の組合員とともに意見を出し合いながら働く場を組合員自身で作るという組合の性格に鑑みれば，全ての組合員が組合の事業に必要な財産的基礎について一定の拠出を行うべき」[18]という協同組合の原則に基づくものです。

　また，一組合員の出資口数は，原則として出資総口数の「100分の25」を超えることができないものとされています（労協法9条3項）。組合員は，その出資口数にかかわらず，平等に議決権・選挙権を有しますが（労協法3条2項3号），無制限に出資口数の保有を認めると，事実上，その者の影響力が増し，この平等の原則が崩れかねないこと，また，多くの出資口数を持つ組合員が脱退した場合，直ちに組合の事業が立ち行かなくなるおそれがあることから設けられた規定です[19]。

　なお，組合員の脱退に伴う一定の場合には，例外的に，総会の特別の議決（労協法65条5号）に基づく組合の承諾を得て，総口数の「100分の35」に相当する出資口数まで保有することができるものとされています（労協法9条3項ただし書）。

　これらの規定は，労働者協同組合の財産の維持と組合員の平等の確保の要請との均衡を図ることが目的だとされています[20]。

17　中央会・逐条解説115頁
18　衆議院法制局第五部一課「法令解説　労働者協同組合法の制定」（「時の法令」No.2122，21頁）
19　衆議院法制局第五部一課「法令解説　労働者協同組合法の制定」（「時の法令」No.2122，21頁以下）
20　衆議院法制局第五部一課「法令解説　労働者協同組合法の制定」（「時の法令」No.2122，21頁）

3．加　入

　前記のとおり，労働者協同組合においては，組合員になろうとする者が，任意に加入することができることが保障されています（労協法3条2項1号）。そのため，労働者協同組合は，組合員としての資格を有する者が組合に加入しようとするときは，「正当な理由」がないのにその加入を拒否したり，現在の組合員が加入の際に付されたよりも困難な条件を付してはならないものとされています（労協法12条1項）。この「正当な理由」とは，その者の加入を認めることで，組合の円滑な事業活動や組織運営に支障をきたすことが予想される場合等が考えられます。具体的には，除名事由に該当する行為を現にしているか，することが客観的に明らかであること，加入前に外部から組合の活動を妨害していたような者であること，労働者協同組合側の事情として，受入能力が不足していること等が想定されています[21]。

　組合に加入しようとする者は，組合の承諾を得た上で，引き受けた出資口数に応じた金額の払込みを完了した時に組合員となります（労協法12条2項）。

4．持分譲渡

　3．に記載したとおり，組合員の資格要件を満たす者が組合に加入することを希望した場合は，加入することができることが保障されています。

　しかし，組合員は，持分の譲渡をすることができないとされています（労協法13条）。「組合員の資格を定款で定める個人とすること（6条）に現れているように，組合は，組合員同士の間の信頼関係に基づく人的結合の強い組織であり，その性質上，持分の譲渡はなじまないとの考えに基づく」ことが理由だと説明されています[22]。

　前記した「相互扶助の精神に基づいて共同して事業を行い，これによって公

21　衆議院法制局第五部一課「法令解説　労働者協同組合法の制定」（「時の法令」No.2122, 22頁）
22　衆議院法制局第五部一課「法令解説　労働者協同組合法の制定」（「時の法令」No.2122, 23頁）

正な競争の確保，自主的な経済活動の促進等を図ろうとするものであるから，組合は門戸を開放し，来る者を拒まない」という，協同組合の組織としての性質上，組合員としての資格を有する者が加入しようとする場合，それを拒むことはできません。

　しかし，持分の譲渡を可能にして，頻繁に組合員の構成が変わることを可能とするような制度を導入してしまうと，労働者協同組合の組織としての基礎といえる人的信頼関係が維持できなくなってしまいます。人的信頼関係を維持するために，組合員の構成の骨格は維持しつつ，組合員としての資格要件を満たす者には門戸を開放する，すなわち，人的信頼関係を維持しつつ，組合としての発展を図る，ということなのだろうと思います。また，組合員になることを希望するのであれば，持分譲渡ではなく，組合員としての資格要件を満たしたうえで，加入の手続によるべき，ということでしょう。

5．脱　退

(1)　自由脱退

　労働者協同組合においては，脱退の自由も認められています（労協法3条2項1号）。組合員たる資格を有する者が希望した場合には，門戸を開放していることの反面として，組合員の意思による脱退を保障したものといえるでしょう。語弊があるかもしれませんが，任意加入と自由脱退は表裏一体のものといえるでしょう。

　組合員が自由脱退を希望する場合は，原則として90日前に予告する必要があります。予告をした組合員は，事業年度末において脱退します。この予告期間は，定款で延長することができます。ただし，その期間は1年を超えることができません。

　自由脱退に予告期間を設けたのは，組合員の脱退は，労働者協同組合に対して重要な影響を及ぼす可能性もあり，労働者協同組合や他の組合員にとって不

意打ちにならないようにするためだと思われます。また，脱退時期を事業年度末に限定したのは，持分の払戻しの計算をする際，決算時期に合わせたほうが，労働者協同組合にとって便宜であることが理由だと思われます。

(2) 法定脱退

自由脱退のほか，労働者協同組合では，組合員が一定の事由に該当した場合に脱退となる制度が規定されています。法定脱退です。

法定脱退となる事由としては，次の3つが法定されています（労協法15条1項1号〜3号）。

```
ア．組合員たる資格の喪失
イ．死亡
ウ．除名
```

アの組合員たる資格の喪失は，労働者協同組合は，定款で定めた，組合員としての資格を有する組合員で構成することが前提であることから，当然のことといえるでしょう。

イの死亡ですが，組合員が死亡した場合に，当該組合員に相続人がいる場合でも，持分を承継して，当該相続人が組合員となることとはされていません。組合員資格を一般承継することができるとすると，組合員資格を有しない組合員を認めることにもなりかねません。人的信頼関係が基礎となっている労働者協同組合においては，組合員の相続人といえども，加入を希望する場合には，一般承継といった形ではなく，加入の制度により組合員となるべきだ，ということだと思われます。

ウの除名ですが，除名事由に該当する組合員につき，総会の議決により行う事ができるとされています。そして，労働者協同組合は，総会の会日の10日前までに，対象の組合員に対してその旨を通知し，かつ，総会において弁明の機会を与えなければならないものとされています。除名事由は次のとおりです。

> ア．長期間にわたって組合の行う事業に従事しない組合員
> イ．出資の払込みその他組合に対する義務を怠った組合員
> ウ．その他定款で定める事由に該当する組合員

　除名事由が限定され，必要となる手続も厳格にされているのは，除名が本人の意思によらず，労働者協同組合の判断で組合員の地位を喪失させるものであり，多数派の専横を防止する必要があるからです[23]。

　アについては，基本原理に③従事原則がり，労働者協同組合においては，出資のみを行い，労働者協同組合の行う事業に従事しない組合員は原則として想定されておらず，長期間にわたって組合の行う事業に従事しておらず，もはや従事の意思がないと認められる組合員については，除名することができるとされました。「長期間」となっているのは，事情により，一時的に組合の行う事業に従事することができなくなること等が想定されるため，短期間，従事しなかったことのみを理由として，恣意的に除名されることはない，という趣旨だとされています[24]。どの程度の期間が「長期間」に該当するのか，という点については，組合の行う事業や組合員の事業分担の状況等，個別具体的な事情に応じて判断されることになると解釈されています。

　イについては，出資の払込みその他組合に対する義務を怠った場合と規定されています。このうち，「出資の払込み」は，出資１口の金額を増加する場合等をいいます。加入の際の出資の払込みについては，これに該当しません。なぜなら，それを完了しなければ組合員としての地位を取得できていないので，そもそも，除名の対象となる組合員となっていないからです[25]。

　ウについては，定款で除名事由を定めることができることとされています。労働者協同組合は人的信頼関係を基礎とした団体です。ここで規定することができる事由は，そうした人的信頼関係を毀損するような行為等に限定して考え

23　衆議院法制局第五部一課「法令解説　労働者協同組合法の制定」（「時の法令」No.2122，23頁）
24　衆議院法制局第五部一課「法令解説　労働者協同組合法の制定」（「時の法令」No.2122，23頁）
25　衆議院法制局第五部一課「法令解説　労働者協同組合法の制定」（「時の法令」No.2122，24頁）

るべきでしょう。立法担当者の解説では，その例として，「組合の存立に重大な影響を与える行為が想定されるが（例えば，組合運営の妨害行為，犯罪その他組合の信用を失墜させる行為など），定款にはその内容を具体的に規定することが望まれる」[26]としています。除名すべき事由がないにもかかわらず，総組合員の過半数（あるいは，対象となる組合員以外の組合員全員）が同意すれば脱退させることができるといった定めは許容されないと考えます。

(3) 持分の払戻し

自由脱退，法定脱退により労働者協同組合を脱退したときは，定款で定めるところにより，持分の全部または一部の払戻しを請求することができます。ただし，その払戻額は，払込済出資額が限度です（労協法16条1項）。持分は元手である払込済出資額と，その果実である利益をも包含するものですが，労働者協同組合が非営利法人であることから，利益部分についての払戻しは許容されないことを明らかにした趣旨だと思われます。

定款で定めるところにより，とは，払込済出資額の一定割合に相当する額等と定めることも可能とする趣旨だと考えられます。そのため，たとえば，除名によって組合を脱退した組合員に対しては，払込済出資額の半分のみを払戻すような定めも許容されると考えます。ただし，除名の場合であっても，持分の払戻しをまったく行わないということは否定的に考えられているものと思われます[27]。

6．議決権および選挙権

組合員は，各1個の議決権および役員または総代の選挙権を有するとされています（労協法11条1項）。これは，労働者協同組合の基本原理である②組合員

---

26 衆議院法制局第五部一課「法令解説　労働者協同組合法の制定」（「時の法令」No.2122，24頁）
27 中央会・逐条解説125頁

の意見を反映した事業の運営（意見反映原則）を支えるものであり，また，労働者協同組合の要件だとされている「組合員の議決権及び選挙権は，出資口数にかかわらず，平等であること」（労協法3条2項3号）を組合員側から規定したものだとされています[28]。

Ⅱ　総　会

1．総　会

　総会は，労働者協同組合における最高意思決定機関です。労働者協同組合の基本原理である②意見反映原則を具体化する機関だといえます。

　総会は，定款で定めるところにより，毎事業年度1回，招集しなければならないとされる「通常総会」と，必要があるときにいつでも招集することができる「臨時総会」があります（労協法58条，59条）。

(1)　総会の権限

　総会の議決を経なければならない事項として，労働者協同組合法第63条第1項に，次の6項目が定められています。

> ア．定款の変更
> イ．規約の設定，変更または廃止（規約の変更のうち，軽微なもの等を除く（労協法63条2項））
> ウ．毎事業年度の収支予算および事業計画の設定または変更

28　衆議院法制局第五部一課「法令解説　労働者協同組合法の制定」（「時の法令」No.2122，22頁）

> エ．組合の子会社の株式または持分の全部または一部の譲渡（一定の場合に限る）
>
> オ．労働者協同組合連合会への加入または労働者協同組合連合会からの脱退
>
> カ．その他定款で定める事項

　また，そのほかにも，解散の決定（労協法80条１項１号）や，合併契約の承認（労協法86条３項，87条３項）等もあります。総会は，労働者協同組合法に規定する事項および定款で定めた事項を決議する権限を有する機関だといえるでしょう。

(2)　総会の招集

　総会の招集は，会日の10日前（これを下回る期間を定款で定めた場合にあっては，その期間）前までに，会議の目的である事項を示し，定款で定めた方法に従って行わなければなりません。この招集は，理事会が決定するものとされています。なお，組合員全員の同意があるときは，招集の手続を経ることなく開催することができます（労協法61条）。

　なお，組合員は，総組合員の５分の１（これを下回る割合を定款で定めた場合にあっては，その割合）以上の同意を得て，一定の方法で，理事会に総会の招集を請求することができます。理事会は，その請求のあった日から20日以内に臨時総会を開催すべきことを決定しなければなりません（労協法59条２項）。

　総会においては，あらかじめ通知した事項についてのみ議決をすることができます。ただし，定款で別段の定めがある場合，および，組合員全員の同意があり，招集の手続を経ることなく開催した場合はこの限りではありません（労協法64条４項）。

　ちなみに，株式会社の運営を定める会社法のように，総会を招集するには，開催場所を定め，その場所を招集の通知に記載しなければならないという規定はありません。もちろん，一定の物理的な場所に総会を招集するのであれば，

それを決定して，招集の通知の内容に含めなければなりません。組合員の総会に参加する権利を保障するためです。条文上，それを規定していないことの趣旨は，労働者協同組合法が，一定の場所に集合せず，WEB上で開催する，いわゆる，バーチャルオンリー総会が可能であることを前提としているからだと思われます。バーチャルオンリー総会については，(5)で解説いたします。

(3)　議決の種類

　総会における議決の方法は，通常の議決と，一定の重要事項の際に必要となる特別の議決があります。

①　議決（労協法64条）

　労働者協同組合法または定款もしくは規約に特別の定めがある場合を除き，出席者の議決権の過半数で決し，可否同数のときは，議長の決するところによります。労働者協同組合法上は，一定数の組合員の出席を要件とする定足数がないことに注意が必要です。

　なお，議長は，総会において選任され，組合員として総会の議決に加わる権利は有しません。

②　特別の議決（労協法65条）

　一定の重要事項は，総組合員の半数以上が出席し，その議決権の3分の2以上の多数による議決が必要とされています。これを特別の議決といいます。一定の重要事項は，労働者協同組合法に規定されており，同法65条に次の6つが規定されているほか，組織変更計画の承認等があります。

ア．定款の変更
イ．解散または合併
ウ．組合員の除名

エ．事業の全部の譲渡

オ．一定の要件により，出資総口数の100分の25を超えて口数を保有することになることに対する承諾（労協法9条3項）

カ．労働者協同組合法第45条第5項に規定する役員の労働者協同組合に対する損害賠償責任の免除の決議

⑷ 報告事項

　労働者協同組合は，各事業年度に係る貸借対照表，損益計算書，剰余金処分案または損失処理案（以下，「決算関係書類」という）および事業報告ならびにこれらの附属明細書を作成しなければなりません。これらは監事の監査を受け，理事会で承認を受けた後，理事が，決算関係書類および事業報告書を通常総会に提出，または提供し，その承認を求める必要があります。そして，理事は，事業報告書の内容を通常総会に報告しなければならないとされています（労協法51条8項および9項）。会社法に規定される株式会社においては，事業報告書は，報告事項ではあっても，株主総会の承認までは必要とされていません（会社法438条）。これに対し，労働者協同組合においては，事業報告書の内容は，報告事項であるとともに，総会の承認を受ける必要があることに注意が必要です。事業報告書について，承認が必要とされているのは，労働者協同組合の基本原理の1つである②意見反映原則の観点から，組合員の権利として保障されたものだと考えられます。

　総会の報告事項として，その他に，以下の事項を，アは通常総会に，イはその事由が生じた日後最初に招集される総会に報告しなければならないとされています（労協法66条）。

ア．各事業年度に係る組合員の意見を反映させる方策の実施の状況およびその結果

> イ．就業規則の作成・変更（その内容），労働協約の締結（その内容）等

　アについては，意見反映原則を担保するため，「組合員の意見を反映する方策」が定款の記載事項となっており，この方策に基づき組合員が出した意見がどのように反映されたのかをすべての組合員が確実に共有することができるようにする趣旨だとされています。イについては，労働者協同組合の業務に従事する組合員は，代表理事等を除き，労働者協同組合と労働契約を締結することとされており（労協法20条 1 項），就業規則の作成等は組合員にとって，重大な関心事です。そのため，組合員に周知徹底を図るため，総会の報告事項とされたものです。なお，この規定による報告により，就業規則等の周知義務（労働基準法106条 1 項）を免除する趣旨ではないとされています[29]。

(5)　バーチャル総会

①　ハイブリッド型

　労働者協同組合法関係法令上，役員や組合員が，総会の会場に来場せず，テレビ会議システム等によって出席することは許容されていると考えられます。議事録に記載すべき内容を定める労働者協同組合法施行規則第69条第 3 項に，「当該場所に存しない役員若しくは清算人又は組合員若しくは連合会の会員が当該総会又は総代会に出席をした場合における当該出席の方法」とあるからです。出席したと認められるためには，テレビ会議システム等によって，情報伝達の双方向性と即時性が確保されている必要があります。こうしたテレビ会議システム等の技術を利用して構成員が出席する総会は，一般的に，バーチャル総会と呼ばれています。

　このような形で出席した場合の組合員の議決権・選挙権の行使ですが，電磁的方法による議決権の行使（労協法11条 3 項）ではなく，あくまでも総会に出

---

[29]　衆議院法制局第五部一課「法令解説　労働者協同組合法の制定」（「時の法令」No.2122, 31頁）

席して議決権を行使したものとして扱われます。

　このように，総会の会場を設け，来場による出席も可能としつつ，テレビ会議システム等によって出席することが許容されている総会は，一般的に，ハイブリッド型バーチャル総会と呼ばれています。なお，現実の会場における総会をリアル総会と呼びます。これらの呼び方は，あくまでも通称であり，法律に規定された用語ではないことをお断りしておきます。

　なお，前記のとおり，テレビ会議システム等を通じた出席を，バーチャル出席等と呼びますが，出席として扱うことができるのは，実際の会場に出席した場合と同等の権利行使等が可能な場合です。

　これに対して，テレビ会議システムを通じて，組合員が総会の審議等を確認・傍聴することができるのみで，当該システムを通じては，議決権行使等の権利行使はできない場合もあります。こうしたタイプの総会への参加は，前記のバーチャル出席型に対して，バーチャル参加型と呼ばれます。バーチャル参加型で総会に参加した組合員は，出席者とは扱われませんが，書面または電磁的方法で議決権を行使した組合員は，総会の出席者とみなされますので（労協法11条4項），バーチャル参加をした組合員であっても，当該方法で議決権を行使している場合は，当該方法による出席者と扱われることに注意が必要です。

②　バーチャルオンリー型

　①に記載したハイブリッド型のバーチャル総会に対し，開催場所を定めず，リアル総会を開催しない状態で，役員や組合員の全員が，テレビ会議システム等の手段を用いて総会に出席をする総会を，一般的に，バーチャルオンリー総会といいます。開催場所を定め，リアル総会の開催を予定していたのにもかかわらず，役員や組合員が来場せず，結果として，その全員がテレビ会議システム等を通じて出席した総会は，一般的にはバーチャルオンリー型とは扱われず，ハイブリッド型の総会として扱われます。

　労働者協同組合法では，総会の招集にあたり，開催場所を定めなければならないといった規定がなく，労働者協同組合法施行規則第69条第3項に，「<u>当該</u>

総会又は総代会の場所を定めた場合に限り，当該場所に存しない役員若しくは清算人又は組合員若しくは連合会の会員が当該総会又は総代会に出席をした場合における当該出席の方法」（下線は筆者による）とあるとおり，開催場所を定めないことも想定されています。そのため，労働者協同組合の総会は，バーチャルオンリー型の総会も許容されていると考えられます。

③　運営上の注意点

　バーチャル型の総会を開催する場合，テレビ会議システム等を通じて総会に参加するための方法を，事前に，組合員等に通知する必要があります。組合員以外の外部の方が出席できないように，公開されない方法を採用し，IDやパスワード等を通知することが一般的だと考えられます。

　なお，バーチャル参加型の場合，テレビ会議システム等を通じて総会に参加する組合員が，当日，総会中に議決に参加することが可能なのかどうかは法令上，明らかでないため[30]，代理人による議決権行使を検討する，あるいは，事前に，書面（電磁的方法）による議決権行使を行う方法を採用する等も検討する必要があるでしょう。なお，これらの方法により議決権を行使した組合員は，出席者と扱われることになります（労協法11条２項，３項）。

④　議事録作成上の注意点

　バーチャル型の総会を開催した場合，テレビ会議システム等を通じて出席し

---

[30]　株式会社においても，参加型の場合，テレビ会議システム等を通じて参加した株主が電磁的方法による議決権行使を行えるようにすることも考えられますが，電磁的方法による議決権の行使を認める場合には，議決権行使の期限を定める必要があり（会312条，会施規63条３号ハ），その期限は株主総会の日時の直前の営業時間の終了時とされているため（会施規70条），テレビ会議システム等で参加している組合員が，会議中に電磁的方法により議決権の行使をすることができるかどうかについては，否定する見解が主流のようです。ただし，この期限は議決権行使の集計にかかる会社の便宜のためであり，株主総会の日時というのは採決時と解釈すべきだとして，可能とする見解もあります（2020年２月26日策定「ハイブリッド型バーチャル株主総会の実施ガイド」（経済産業省）９頁）。労働者協同組合については，同様の規定がありませんので，参加型の場合であっても，総会中に電磁的方法により議決権を行使することができるという解釈が可能なようにも思えます。しかし，この点は明確な解釈が示されていないため，はっきりしません。もし，こうしたニーズがあるのであれば，可能な限り，バーチャル出席型を採用する方が簡明だと考えます。

た株主は，リアル総会に出席し，その場で議決権を行使したものと評価されることになります。そのため，総会の議事録に出席組合員数やその議決権数を記載する場合は，それに含める必要があります。また，前記のとおり，バーチャル参加型の場合は，出席者としては扱われませんが，書面または電磁的方法により議決権を行使している場合には，出席者とみなされるため（労協法11条4項），議事録に記載する出席組合員数等に含める必要があります。

　その他の注意事項として，総会議事録には，総会の開催場所に存しない役員や組合員の出席の方法を記載する必要があります（労施規69条3項1号）。出席の方法としては，開催場所と組合員との間で情報伝達の双方向性と即時性が確保されている状況を基礎づける事実（テレビ会議システムの使用等）の記載が必要とされています[31]。なお，テレビ会議システム等の手段を用いて出席した組合員等の所在場所までは記載事項とはされていません。

　また，前記のとおり，書面または電磁的方法により議決権を行使した場合は，出席者とみなされ，出席者の数に含めることになります。法令上の要請はありませんが，総会の場所を定めた場合も含めて，書面または電磁的方法で議決権を行使した組合員がいた場合は，出席者の内訳として，その旨や当該方法で議決権を行使した組合員数等を記載することが望ましいと考えます。

(6)　決議・報告の省略

　労働者協同組合法においては，株式会社について，会社法第319条，第320条に規定されているような，決議の省略・報告の省略の制度は規定されていません。

　そのため，理事等が総会の目的である事項について提案をした場合に，当該提案につき，組合員の全員が書面または電磁的記録により同意の意思表示をしたときは，総会の議決があったものとみなされる，あるいは，理事が組合員全

31　相澤ほか・論点解説472頁

員に対して総会に報告すべき事項を通知した場合において，当該事項を総会に
報告することを要しないことに組合員の全員が同意の意思表示をしたときは，
総会への報告があったものとみなす，というような扱いは，認められないもの
と考えられます。

　総会は，労働者協同組合における最高意思決定機関であり，労働者協同組合
の基本原理である②組合員の意見を反映した事業の運営（意見反映原則）を具
体化する機関だといえます。それを重視し，議論の場，報告の場としての総会
は，実際に会議体として開催する必要があるということなのだと考えます。

⑺　議事録

　総会の議事については，厚生労働省令で定めるところにより，議事録を作成
しなければなりません。労働者協同組合は，総会の議事録を，主たる事務所に
10年間，議事録の写しを従たる事務所に５年間，備え置かなければならず，組
合員および債権者は，業務取扱時間内は，いつでも，議事録の写しの閲覧・謄
写等の請求をすることができるものとされています。

　なお，議事録が電磁的記録をもって作成されている場合，従たる事務所にお
いて，組合員等が前記の請求をした場合に，電磁的記録に記録された事項を表
示したものの閲覧等が可能になっている場合は，従たる事務所への備え置きは
必要はありません（労協法69条）。

　議事録の記載事項は，労働者協同組合法施行規則第69条第３項に規定されて
おり，次に掲げる事項を内容とするものでなければなりません。

> ア．総会の日時および場所（当該総会の場所を定めた場合に限り，当該場所に
> 　存しない役員もしくは清算人または組合員が当該総会に出席した場合におけ
> 　る当該出席の方法を含む）または方法（当該総会の場所を定めなかった場合
> 　に限る）
> イ．総会の議事の経過の要領およびその結果

ウ．労働者協同組合法第38条第3項で準用する会社法第345条第1項および
　　第2項，第384条，第387条第3項の規定により総会において述べられた意
　　見または発言があるときは，その意見または発言の内容の概要
エ．総会に出席した役員または清算人の氏名
オ．総会の議長の氏名
カ．議事録の作成に係る職務を行った理事または清算人の氏名

2．総代会

(1)　総代会の設置

　組合員の総数が200人を超える組合は，定款で定めるところにより，総会に
代わるべき総代会を設けることができるものとされています（労協法71条1項）。
「総会は，全組合員が出席し，議決権や選挙権を行使することができる重要な
機関であるが，多数の組合員がいる組合については，会場の確保など物理的に
開催が困難な場合も想定されることに鑑み，総会に代わる意思決定の場を設け
ることを可能とした」[32]というのが，総代会を設けた理由だとされています。

(2)　総代の選任等

　総代は，定款で定めるところにより，組合員のうちから，その住所等に応じ
て公平に選挙されなければならないものとされています（労協法71第2項）。住
所は地理的な公平性を示すものであり，他には，例えば組合が複数の事業を
行っている場合には各事業の従事者が総代になることが望ましいとされていま
す[33]。
　総代の定数は，その選挙の時における組合員の総数の10分の1　（組合員の総

32　衆議院法制局第五部一課「法令解説　労働者協同組合法の制定」（「時の法令」No.2122，32頁）
33　衆議院法制局第五部一課「法令解説　労働者協同組合法の制定」（「時の法令」No.2122，32頁）

数が2000人を超える組合にあっては200人）を下ってはならないものとされています（労協法71条3項）。

　総代の任期は，3年以内において定款で定める期間です。

⑶　権　限

　総代会は，原則として，総会と同等の権限を有します（労協法71条6項）。ただし，総代の選挙（補欠の総代の選挙を除く）を行うことはできないほか，組合の解散または合併（労協法65条2号）および事業の全部の譲渡（労協法65条4号）の事項については，議決することはできないものとされています（労協法71条7項）。

　前記の反対解釈から，補欠の総代の選挙については，総代会において行うことは可能だと考えられます。

⑷　その他

　総会に関する規定は，総代会について準用するものとされており（労協法71条），総代会の招集やその手続，議決方法や報告事項，役員の説明義務，議事録等の規定等が原則として準用されることになります。なお，一定の読み替え規定があることに注意が必要です（労協法71条6項）。

Ⅲ　役　員

---

1. 理　事

　理事の定数は３人以上です。理事は組合員でなければならず（労協法32条４項）[34]，組合員以外が理事になることは認められません。理事が，組合員として，組合を脱退した場合は，資格を喪失し，理事を退任することになると考えられます。出資をせず，かつ，理事の職務以外の事業に従事することが想定されいない外部の人間が組合の業務執行に関わることは，組合の基本原理の趣旨に反することが理由だとされています[35]。組合の理事との関係は，委任に関する規定に従うものとされています（労協法34条）。

　なお，理事のうち，その定数の３分の１を超えるものが欠けたときは，３カ月以内に補充しなければなりません（労協法32条６項）。本来は，たとえ，定数の３分の１以内の欠員であっても，早急に補充すべきですが，それが困難である場合もありえるため，特に，欠員が３分の１を超えた場合に，３カ月以内という期限を限り，補充義務を明確にした規定です[36]。

(1)　権限等

　理事は理事会を組織し，総会での議決事項を前提に，その個別具体的な業務執行について決定すること等を任務とします。

---

[34]　設立当時の理事は，組合員になろうとする者でなければなりません（労協法32条４項ただし書き）。

[35]　衆議院法制局第五部一課「法令解説　労働者協同組合法の制定」（「時の法令」No.2122，28頁）

[36]　中央会・逐条解説165頁

(2)　資　格

次に掲げるものは，理事となることができません（労協法35条）。

> ア．法人
> イ．心身の故障のため職務を適正に執行することができないものとして厚生労
> 　働省令で定める者[37]
> ウ．労働者協同組合法，会社法もしくは，一般社団法人および一般財団法人に
> 　関する法律の規定もしくは，暴力団員による不当な行為の防止等に関する法
> 　律の規定に違反し，または，民事再生法の一定の罪，破産法の一定の罪，も
> 　しくは刑法の一定の罪，もしくは，暴力行為等処罰に関する法律の罪を犯し，
> 　刑に処せられ，その執行を終わり，またはその執行を受けることがなくなっ
> 　た日から2年を経過しない者
> エ．ウ以外の法令の規定に違反し，禁錮以上の刑に処せられ，その執行を終わ
> 　るまたはその執行を受けることがなくなるまでの者（執行猶予中の者を
> 　除く）
> オ．暴力団の構成員等

なお，特定労働者協同組合については，各理事について，当該理事および当
該理事の配偶者または3親等以内の親族その他の当該理事と特殊な関係のある
者である理事の合計数の理事総数のうちに占める割合が，3分の1以下である
ことが要件とされています。

(3)　選出方法

理事は，総会において「選挙」するものとされています。ただし，定款で定
めることにより，総会において「選任」することができます（労協法32条3項，

---

[37]　厚生労働省令で定める者は，「精神の機能の障害により役員の職務を適正に執行するに当たって必
　要な認知，判断及び意思疎通を適切に行うことができない者」です（労施規8条）。

12項）。

　「選挙」と「選任」の違いについては，千葉県中小企業団体中央会のホームページ等に説明がありますので，各自ご参照ください。この説明の概要は，選挙は「無記名投票」，選任は「多数決」だとしています。

　この説明によれば，選挙は無記名投票が前提であり，候補者を前提としない自由投票制を前提にしていると思われます。しかし，一般的には，候補者がいることが多いでしょうから，この場合について簡単に説明すると，「選挙」は組合員が各１票を投じ，獲得投票数上位から当選していく方法だといえます。それに対し，「選任」は，各候補者を理事とすることの可否が総会の議案となり，議案（候補者）ごとに，多数決でその可否を決定する方法というイメージだと考えます。

　選任制を採用する労働者協同組合も少なくないと想像されます。理事会において候補者を決定し，それを総会に諮るという方法です。株式会社において一般的に採用されている方法です。ただし，この方法を採用するには，定款の定めが必要なことに注意が必要です。

(4)　任　期

　労働者協同組合法上の理事の任期は，２年以内の定款で定める期間とされています。ただし，定款によって，任期中の最終の決算期に関する通常総会の終結の時まで伸長することができるものとされています（労協法36条）。なお，設立当時の役員の任期は，創立総会において定める期間です。この期間は１年を超えることはできません（労協法36条３項）。

　具体的な任期は定款で定めることになります。所管庁である厚生労働省に確認したところ，本書執筆時点では，モデル定款が定められる予定はないようですが，認定が必要な特例労働者協同組合の制度ができたことから，今後この類型のモデル定款は定められる可能性があると思われます。なお，関係団体（日本労働者協同組合（ワーカーズコープ）連合会）が，定款例を作成しており，

それを参考に作成されることが多いのではないかと思われます。

　参考までに，類似の規定を設けている中小企業等協同組合法に基づく企業組合のモデル定款（全国中小企業団体中央会）では，以下のような規定となっています。

（役員の任期）
第○条　役員の任期は，次のとおりとする。
　(1)　理事　○年又は任期中の第○回目の通常総会の終結時までのいずれか短い
　　　期間。ただし，就任後第○回目の通常総会が○年を過ぎて開催される場合に
　　　はその総会の終結時まで任期を伸長する。
　(2)　監事　△年又は任期中の第△回目の通常総会の終結時までのいずれか短い
　　　期間。ただし，就任後第△回目の通常総会が△年を過ぎて開催される場合に
　　　はその総会の終結時まで任期を伸長する。
2　補欠（定数の増加に伴う場合の補充を含む。）のため選出された役員の任期
　は，現任者の残任期間とする。
　（3項以下は省略）

　なお，企業組合以外に，こうした組織の法人類型として利用されることが多かったNPO法人のモデル定款と同様の規定を設けたいというニーズはあるかもしれません。NPO法人のモデル定款（内閣府）の例は以下のとおりです。前掲の企業組合と異なり，NPO法人のモデル定款の場合は，任期後最初の"社員総会"の終結まで伸長可能となっており，"通常"社員総会となっていません。これは，特定非営利活動促進法の任期の規定が，役員の任期を，原則として，2年以内において定款で定める期間としたうえで，定款で役員を社員総会で選任することとしているNPO法人にあっては，定款により，後任の役員が選任されていない場合に限り，同項の規定により定款で定められた任期の末日後最初の"社員総会"が終結するまでその任期を伸長することができると規定しているためです。

（役員の任期等）

第○条　役員の任期は2年とする。ただし，補欠のため，又は増員によって就任
　　した役員の任期は，それぞれの前任者又は現任者の任期の残存期間とする。

2　役員は，辞任又は任期満了後においても，後任者が就任するまでは，その職
　　務を行わなければならない。

3　役員は，再任されることができる。

4　第1項の規定にかかわらず，後任の役員が選任されていない場合には，任期
　　の末日後最初の総会が終結するまでその任期を伸長する。

　令和4年8月に厚生労働省のお問い合わせフォームに問い合わせたところ，
伸長規定は，労働者協同組合法第36条第4項の規定のとおり，通常総会の終結
時を任期満了時とする規定に限定されるということでした。同規定の「通常総
会の終結の時まで伸長することを妨げない」という規定は，伸長することがで
きる期間の上限を規定したものではなく，伸長する場合は，通常総会の終結の
時となることを規定したものだということになります。つまり，NPO法人の
モデル定款のような規定は設けることができないということです。通達等で示
された公式な見解とは言えず，登記実務上もそのように扱われるかどうかは，
本書執筆時点でははっきりしません。注意が必要な点といえます。

2．監　事

　監事の定数は1人以上です。理事と異なり，監事は組合員である必要はあり
ません。よって，理事と異なり，監事が，組合員として，組合を脱退した場合
であっても，監事の地位に影響はありません。組合の監事との関係は，委任に
関する規定に従うものとされています（労協法34条）。また，適切な監査を確保
するため，兼職禁止規定があります（(2)を参照）[38]。

---

[38]　衆議院法制局第五部一課「法令解説　労働者協同組合法の制定」（「時の法令」No.2122，28頁）

　なお，監事のうち，その定数の３分の１を超えるものが欠けたときは，３カ月以内に補充しなければなりません（労協法32条６項）。本来は，たとえ，定数の３分の１以内の欠員であっても，早急に補充すべきですが，それが困難である場合もありえるため，特に，欠員が３分の１を超えた場合に，３カ月以内という期限を限り，補充義務を明確にした規定です。

(1)　権限等

　監事は，理事の職務執行を監査し，監事は，厚生労働省令の定めるところにより，監査報告を作成しなければなりません（労協法38条２項）。監事は，理事会に出席する権限を有し，義務を負います（労協法38条３項，会383条１項，労協法40条６項，労施令４条）。理事の職務執行の監査をするために必要な権限といえるでしょう。

(2)　資　格

　理事と同様の資格要件が法定されており，次に掲げるものは，監事となることができません（労協法35条）。

ア．法人

イ．心身の故障のため職務を適正に執行することができないものとして厚生労働省で定める者

ウ．労働者協同組合法，会社法もしくは，一般社団法人および一般財団法人に関する法律の規定もしくは，暴力団員による不当な行為の防止等に関する法律の規定に違反し，または，民事再生法の一定の罪，破産法の一定の罪，もしくは刑法の一定の罪，もしくは，暴力行為等処罰に関する法律の罪を犯し，刑に処せられ，その執行を終わり，またはその執行を受けることがなくなった日から２年を経過しない者

エ．ウ以外の法令の規定に違反し，禁錮以上の刑に処せられ，その執行を終わ

48

> るまでまたはその執行を受けることがなくなるまでの者（執行猶予中の者を除く）
> オ．暴力団の構成員等

　監事は，理事または組合の使用人と兼職することはできません（労協法43条）。事業年度の開始の時における組合員の総数が1000人を超える組合では，監査の適法性を確保するため，少なくとも１人の外部監事をおくことが義務付けられています（労協法32条５項，労施令２条）。

　また，特定労働者協同組合についても，監事のうち１人以上は，外部監事でなければならないとされています（労協法94条の11第１項）。

(3)　選出方法

　監事の選任方法も，理事と同様です。原則として，総会において「選挙」するものとされ，定款で定めることにより，総会において「選任」することができます（労協法32条３項，12項）。

　「選挙」と「選任」の違い等については，理事の選任方法の解説（**第２章Ⅲ1.(3)**）をご参照願います。

(4)　任　期

　労働者協同組合法上の監事の任期は，４年以内の定款で定める期間とされています。ただし，定款によって，任期中の最終の決算期に関する通常総会の終結の時まで伸長することができるものとされています（労協法36条）。なお，設立当時の役員の任期は，創立総会において定める期間です。この期間は１年を超えることはできません（労協法36条３項）。

　監督庁によるモデル定款の設定の予定や，類似の規定を設けている中小企業等協同組合法に基づく企業組合のモデル定款については，理事の解説（**第２章**

Ⅲ 1 ．⑷）をご参照願います。

3．役員の改選請求

　組合員は，総組合員の5分の1（これを下回る割合を定款で定めた場合に
あっては，その割合）以上の連署をもって，役員の改選を請求することができ
るものとされ，その請求につき総会において出席者の過半数の同意があったと
きは，その請求に係る役員は，その職を失うものとされています（労協法53条
1項）。

　この規定は，組合員の権利としての役員の解任（リコール）について，その
手続と方法を定めているものです。改選の請求の対象となり，総会において出
席者の過半数の同意があった役員は，解任されることになります。特に解任す
る旨の議決は必要ありません[39]。

　この請求は，理事の全員または監事の全員について，同時に行うのが原則で
すが，法令または定款もしくは規約の違反を理由として改選を請求するときは，
この限りでないとされています（労協法53条2項）。

　この改選請求により役員が解任され，役員の補充義務（労協法32条6項）が
生じる場合には，あらかじめ当該総会において補充すべき役員を選出する手続
をとっておくことが適当といえるでしょう[40]。

4．組合員監査会

　組合員の総数が20人を超えない労働者協同組合では，定款で定めるところに
より，監事に代えて，理事以外の全ての組合員で組織する組合員監査会を置く
ことができます（労協法54条1項）。組合員監査会は，理事の職務執行を監査し，
厚生労働省令で定めるところにより，監査報告を作成しなければなりません

39　中央会・逐条解説237頁
40　中央会・逐条解説237頁

（労協法54条 3 項）。組合員監査会は，いつでも，理事および支配人その他の使用人に対して事業の報告を求め，または本組合の業務および財産の状況を調査することができるものとされています（労協法54条 4 項，会381条）。

　組合員監査会を組織する組合員（以下，「監査会員」という）は， 3 人以上でなければなりません（労協法54条 2 項）。

　監査会員は，理事会における意見陳述（労協法56条 1 項），報酬請求（労協法56条 2 項），費用償還・債務弁済請求（労協法56条 3 項）が認められているほか，監査の独立性を確保するため，労働者協同組合は，監査会員に対し，監査会の職務執行に関する業務上の命令等を行ってはならないものとされています（労協法56条 4 項）。

　組合員監査会は，各監査会員が招集します（労協法55条 3 項，会391条）。組合員監査会を招集するには，監査会員は，組合員監査会の日の 1 週間前（これを下回る期間を定款で定めた場合にあっては，その期間）までに，各監査会員に対してその通知を発しなければなりません。ただし，監査会員全員の同意があるときは，招集の手続を経ることなく開催することができます（労協法55条 3 項，会392条）。

　組合員監査会の決議は，監査会員の過半数をもって行います。理事が監査会員の全員に対して，組合員監査会に報告すべき事項を通知したときは，当該事項を組合員監査会に報告することを要しません（労協法55条 1 項および 2 項）。組合員監査会の議事については，次に掲げる事項を内容とする議事録を作成しなければなりません（労協法55条 4 項，労施規63条）。

ア．組合員監査会が開催された日時および場所（当該組合員監査会の場所を定めた場合に限り，当該場所に存しない組合員監査会を組織する組合員が当該組合員監査会に出席をした場合における当該出席の方法を含む）または方法（当該組合員監査会の場所を定めなかった場合に限る）
イ．組合員監査会の議事の経過の要領およびその結果
ウ．組合員監査会に出席した組合員監査会を組織する組合員の氏名
エ．組合員監査会の議長が存するときは，議長の氏名

オ．理事が監査会員の全員に対して，組合員監査会に報告すべき事項を通知し
たことにより，組合員監査会への報告を要しないものとされた場合には，組
合員監査会の議事録は，次の各号に掲げる事項を内容
・組合員監査会への報告を要しないものとされた事項の内容
・組合員監査会への報告を要しないものとされた日
・議事録の作成に係る職務を行った組合員監査会を組織する組合員の氏名

　この議事録については，組合員監査会の日から10年間，議事録または前記の
電磁的記録を，その主たる事務所に備え置き，その写しを5年間，従たる事務
所に備え置かなければなりません。組合員および債権者は，業務取扱時間内は，
いつでも，議事録の写しの閲覧・謄写等の請求をすることができるものとされ
ています。
　なお，議事録が電磁的記録をもって作成されている場合，従たる事務所にお
いて，組合員等が前記の請求をした場合に，電磁的記録に記録された事項を表
示したものの閲覧等が可能になっている場合は，従たる事務所へ備え置く必要
はありません（労協法55条5項，41条3項〜5項）。

Ⅳ 理事会

理事会は，全ての理事で組織される機関であり，労働者協同組合は，その機関として，理事会を置かなければなりません。労働者協同組合の業務の執行は，理事会が決定します（労協法39条）。

1．理事会の権限

理事会は，理事の中から，代表理事の選定を行います（労協法42条１項）。また，前記のとおり，労働者協同組合の業務の執行を決定します。理事会が決定した事項の執行は，理事会が選定した代表理事により行われます。代表理事以外の各理事は，原則として業務執行権および代表権を有しません。

定款が労働者協同組合の根本規則であり，総会が労働者協同組合の最高意思決定機関という位置づけから，理事会は，定款によって委任された事項および総会の議決事項について，具体的な業務執行等について決定する権限を有するほか，労働者協同組合法の規定により，理事会が決定すべきとされた事項を決議します[41]。

2．理事会の招集等

理事会は，各理事が招集することができるのが原則です。ただし，理事会を招集する理事を定款または理事会で定めたときは，その理事が招集します。

理事会を招集すべき理事（以下，「招集権者」という）を定めた場合に，招

---

[41] 中央会・逐条解説192頁

集権者以外の理事は，招集権者に対し，理事会の目的である事項を示して，理事会の招集を請求することができます。この請求があった日から5日以内に，請求があった日から2週間以内の日を会日とする理事会の招集の通知が発せられない場合には，その請求をした理事は，理事会を招集することができます（労協法40条6項，会366条）。

　理事会を招集する者は，理事会の日の1週間前（これを下回る期間を定款で定めた場合にあっては，その期間）前までに，各理事および監事（組合員監査会を設定している労働者協同組合にあっては，各監査会員）に対してその通知を発しなければなりません。ただし，理事および監事（組合員監査会を設定している労働者協同組合にあっては，各監査会員）の全員の同意があるときは，招集の手続を経ることなく開催することができます（労協法40条6項，会368条）。

3．バーチャル理事会

　労働者協同組合法関係法令上，役員等が，理事会の会場に来場せず，テレビ会議システム等によって出席することは許容されていると考えられます。議事録に記載すべき内容を定める労働者協同組合法施行規則第11条第3項第1号に，「当該理事会又は清算人会の場所を定めた場合に限り，当該場所に存しない役員若しくは清算人又は組合員若しくは連合会の会員が当該理事会又は清算人会に出席をした場合における当該出席の方法を含む。」とあるからです。出席したと認められるためには，テレビ会議システム等によって，情報伝達の双方向性と即時性が確保されている必要があります。こうしたテレビ会議システム等の技術を利用して役員等が出席する理事会は，一般的にバーチャル理事会と呼ばれています。

　このような形で参加した役員等は，理事会に出席したものと扱われます。

　なお，総会の場合と同様，テレビ会議システム等を通じて，役員等が理事会の審議等を確認・傍聴することができるのみで，当該システムを通じては，発言や議決権行使等ができない，バーチャル参加型も想定できないことはありま

54

せんが，理事会の場合は，総会ほど，構成員が多数になることはないでしょうから，現実的には，バーチャル参加型が利用されることはあまりなく，バーチャル出席型であることがほとんどだと思われます。

　また，前記条文に，「当該理事会又は清算人会の場所を定めた場合に限り」とありますから，総会同様，ハイブリッド型の理事会はもちろん，開催場所を定めない，バーチャルオンリー型の理事会も許容されると考えられます。

　バーチャル型の理事会を開催した場合，テレビ会議システム等を通じて出席した役員等は，理事会に出席したものと扱われます。理事会の議事録には，出席役員等の氏名を記載する必要がありますから，当然ながら，そうした方法により出席した役員等の氏名の記載も必要ですし，開催場所に存しない役員等の出席方法の記載も必要となることに注意が必要です。

4．決　議

　理事会の決議は，議決に加わることができる理事の過半数（これを上回る割合を定款または規約で定めた場合にあっては，その割合以上）が出席し，その過半数（これを上回る割合を定款または規約で定めた場合にあっては，その割合以上）をもって行います（労協法40条1項）。定足数および決議要件の加重は，定款のほか，規約でも規定できることに注意が必要です。なお，規約とは，労働者協同組合の業務運営および事務執行について，組合員間を規律する自治規範であり，組合の組織活動の基本的事項を定めた定款と同様に組合員等を拘束するもので，そこに規定することのできる内容は，定款で定めなければならない事項は除かれます（労協法30条）。

　理事会の決議について，特別の利害関係を有する理事は，議決に加わることができません。

　なお，定款で定めることにより，理事が書面または電磁的方法により理事会の議決に加わることができるものとすることができます。理事は，組合員から委任を受けた立場であり，本来であれば，理事会での議論に参加し，そのうえ

で，議決権の行使を行うべきですが，特に，定款で定めることにより，議論に
参加せず，書面または電磁的方法によって理事会の議決に参加できるものとさ
れました[42]。組合員の意思によって選出された理事の意思を，理事会の決議に
反映することは重要なことであり，委任者である組合員の意思による定款で許
容するのであれば理事の議決権について，前記のような行使および履行も認め
られるということだと思われます。

5．決議の省略・報告の省略

　理事会については，決議の省略・報告の省略の制度が認められています。

(1)　みなし決議（決議の省略）

　理事が理事会の決議の目的である事項について提案をした場合において，当
該提案につき理事（当該事項について議決に加わることができるものに限る）
の全員が書面等により同意の意思表示をしたとき（監事（組合員監査会）が当
該提案について異議を述べたときを除く）は，当該提案を可決する旨の理事会
の決議があったものとみなす旨を定款で定めることができるものとされていま
す（労協法40条4項，57条）。

(2)　報告の省略

　理事または監事が理事および監事の全員に対して理事会に報告すべき事項を
通知したときは，当該事項を理事会へ報告することを要しないとされています
（労協法40条5項）。①の決議の省略と異なり，定款の定めは不要です。なお，
みなし決議と異なり読替規定はありませんが，みなし決議と同様，理事および

監査会員全員に通知することにより，報告の省略は可能と考えます。報告事項に不正のおそれ等がある場合には，組合員監査会が理事会の招集の請求をすることになります（労協法54条4項，会383条2項および3項）。

6．議事録

　理事会の議事については，厚生労働省令で定めるところにより，議事録を作成し，議事録が書面をもって作成されているときは，出席した理事および監事は，これに署名し，または記名押印しなければなりません。議事録が電磁的記録をもって作成されている場合には，出席した理事および監事は，厚生労働省令で定める署名または記名押印に代わる措置（一定の要件を備えた電子署名，労施規12条）を取らなければなりません（労協法41条1項および2項）。

　労働者協同組合は，理事会の日（決議があったものとみなされた日を含む）から10年間，議事録または前記の電磁的記録（決議があったものとみなされた場合は，同意の意思表示に関する書面または電磁的記録も含む）を，その主たる事務所に備え置き，その写しを5年間，従たる事務所に備え置かなければなりません。組合員および債権者は，業務取扱時間内は，いつでも，議事録の写しの閲覧・謄写等の請求をすることができるものとされています。

　なお，議事録が電磁的記録をもって作成されている場合，従たる事務所において，組合員等が前記の請求をした場合に，電磁的記録に記録された事項を表示したものの閲覧等が可能になっている場合は，従たる事務所へ備え置く必要はありません（労協法41条4項）。

　議事録の記載事項は，労働者協同組合法施行規則第11条第3項に規定されており，次に掲げる事項を内容とするものでなければなりません。

> ア．理事会が開催された日時および場所（当該理事会の場所を定めた場合に限り，当該場所に存しない役員または組合員が当該理事会に出席をした場合における当該出席の方法を含む）または方法（当該理事会の場所を定めなかっ

た場合に限る)

イ．理事会が，監事等の請求を受けて招集されたもの等一定の場合に該当する
　　ときは，その旨

ウ．理事会の議事の経過の要領およびその結果

エ．決議を要する事項について特別の利害関係を有する理事があるときは，当
　　該理事の氏名

オ．労働者協同組合法第38条第3項等の規定により理事会において述べられ
　　た意見または発言があるときは，その意見または発言の内容の概要

カ．理事会に出席した役員または組合員の氏名

キ．理事会の議長の氏名

　なお，次の場合には，理事会の議事録は，それぞれの場合に掲げる事項を内
容とする必要があります。

(1)　決議の省略の場合

ア．理事会の決議があったものとみなされた事項の内容

イ．アの事項の提案をした理事の氏名

ウ．理事会の決議があったものとみなされた日

エ．議事録の作成に係る職務を行った理事の氏名

(2)　報告の省略の場合

ア．理事会への報告を要しないものとされた事項の内容

イ．理事会への報告を要しないものとされた日

ウ．議事録の作成に係る職務を行った理事の氏名

労働者協同組合の
登記と届出等

　労働者協同組合の法人登記については，他の法令に別段の定めがある場合を除くほか，組合等登記令の定めるところによります（組登令1条，別表）。また，登記の完了について行政庁に届け出る旨の規定はありませんが，登記の前提となる行為の内容により，その行為に関する届出が必要になる場合があります。

　以下では，法人登記と，それに関連して必要となる届出について解説します。

I　設立・変更

1. 登記事項（組登令2条2項，別表）

　労働者協同組合を設立する場合は，必要な手続きが終了した日から2週間以内に，その主たる事務所の所在地において次に掲げる事項を登記しなければなりません（組登令2条，別表）。また，設立後に，登記事項に変更が生じたときは，2週間以内に変更の登記をしなければなりません（組登令3条1項）。ただし，出資の総口数，払い込んだ出資の総額の変更の登記は，毎事業年度末日現在により，当該末日から4週間以内に登記すれば足ります（組登令3条2項）。

> ア．目的および業務
> イ．名称
> ウ．事務所の所在場所（主たる事務所，従たる事務所）
> エ．代表権を有する者の氏名，住所および資格
> オ．存続期間または解散の事由を定めたときは，その期間または事由
> カ．出資1口の金額およびその払込みの方法
> キ．出資の総口数および払い込んだ出資の総額
> ク．公告の方法
> ケ．電子公告を公告方法とする旨の定めがあるときは，電子公告関係事項

2．設立登記

(1) 手　続

　労働者協同組合の設立手続のフローの概略は，以下のとおりです。

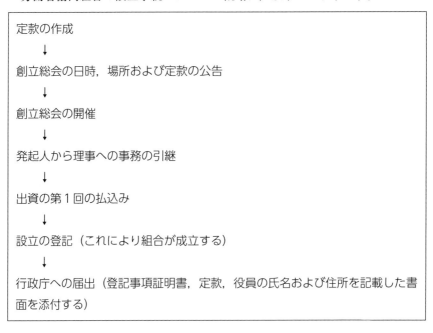

定款の作成
　　　↓
創立総会の日時，場所および定款の公告
　　　↓
創立総会の開催
　　　↓
発起人から理事への事務の引継
　　　↓
出資の第1回の払込み
　　　↓
設立の登記（これにより組合が成立する）
　　　↓
行政庁への届出（登記事項証明書，定款，役員の氏名および住所を記載した書面を添付する）

　以上の手続について，説明していきます。

①　定款の作成

　労働者協同組合を設立するには，組合員となろうとする者3人以上が発起人となり，定款を作成します（労協法22条，23条1項）。

　令和4年8月に，所管庁である厚生労働省にお問い合わせフォームから確認したところ，厚生労働省においては，定款例を作成し，公表する予定はないとのことでしたが，認定が必要な特例労働者協同組合の制度ができたことから，

少なくとも，この類型のモデル定款は定められる可能性があると思われます。
なお，関係団体（日本労働者協同組合（ワーカーズコープ）連合会）が，定款
例を作成しているようです。設立される際には，そうした関係団体が作成した
定款例を参考にすることも検討できるでしょう。

　本書では，類似する法律規定の多い企業組合のモデル定款を参考に，定款例
を作成しました。以下のとおりです。

○○労働者協同組合定款

第1章　総　　則

（目　的）
第1条　本組合は，組合員が出資し，それぞれの意見を反映して組合の事業が行
　　われ，及び組合員自らが事業に従事することを基本原理とし，多様な就労の機
　　会を創出することを促進するとともに，地域における多様な需要に応じた事業
　　が行われることを促進し，もって持続可能で活力ある地域社会の実現に資する
　　ことを目的とする。

（名　称）
第2条　本組合は，○○労働者協同組合と称する（注：名称中に「労働者協同組
　　合」という文字を用いなければなりません（労協法4条1項））。

（事務所の所在地）
第3条　本組合は，主たる事務所を○○県○○市（町村）に置く。

（公告方法）
第4条　本組合の公告は，本組合の掲示場に掲示してする。

（規約）
第5条　この定款で定めるもののほか，必要な事項は，規約で定める。

2　規約の設定，変更又は廃止は総会の議決を経なければならない。

3　前項の規定にかかわらず，規約の変更のうち軽微な事項並びに関係法令の改
　　正（条項の移動等当該法令に規定する内容の実質的な変更を伴わないものに限
　　る。）に伴う規定の整理については，総会の議決を要しないものとする。この

場合，総会の議決を要しない事項の範囲，変更の内容について，書面又は電磁的方法により通知するとともに，第4条の規定に基づき公告するものとする。

第2章　事　　業

（事業及び事業を行う都道府県の区域）

第6条　本組合は，次の事業を行う。

(1) ○○事業

(2) ○○事業

(3) 前各号に附帯又は関連する一切の事業

2　本組合が事業を行う区域は，○○県の区域とする。

第3章　組　合　員

（組合員の資格）

第7条　本組合の組合員たる資格を有する者は，次に掲げる個人とする。

(1) ………………………

(2) ………………………

（加　入）

第8条　組合員たる資格を有する者は，本組合の承諾を得て，本組合に加入することができる。

2　本組合は，加入の申込みがあったときは，理事会においてその諾否を決する。

（加入者の出資払込み及び組合員となる時期）

第9条　前条第2項の承諾を得た者は，引受出資口数に応ずる金額全額の払込みを完了した時に組合員となる。

（持分の譲渡の禁止）

第10条　組合員の持分は，譲渡することができない。

（自由脱退）

第11条　組合員は，あらかじめ本組合に通知したうえで，事業年度の終了時において脱退することができる。

2　前項の通知は，事業年度の末日の90日前までに，その旨を記載した書面でし

なければならない。

（除　名）

第12条　本組合は，次の各号の一に該当する組合員を総会の議決により除名する
　　ことができる。この場合において，本組合は，その総会の会日の10日前までに，
　　その組合員に対しその旨を通知し，かつ，総会において，弁明する機会を与え
　　るものとする。

　(1)　長期間にわたって本組合の行う事業に従事しない組合員

　(2)　出資の払込みその他本組合に対する義務を怠った組合員

　(3)　総会の承認を得ないで，自己又は第三者のために本組合の事業の部類に属
　　　する取引をした組合員

　(4)　本組合の事業を妨げ，又は妨げようとした組合員

　(5)　犯罪その他信用を失う行為をした組合員

（脱退者の持分の払戻し）

第13条　組合員が脱退したときは，組合員の本組合に対する払込済出資額（本組
　　合の財産が出資の総額より減少したときは，当該払込済出資額から当該減少額
　　を各組合員の出資額に応じて減額した額）を限度として持分を払い戻すものと
　　する。ただし，除名による場合は，その半額とする。

（出資口数の減少）

第14条　組合員は，事業年度の終了時において，その出資口数の減少を請求する
　　ことができる。

2　本組合は，前項の請求があったときは，総会において，その諾否を決する。

3　出資口数の減少については，前条（脱退者の持分の払戻し）の規定を準用す
　　る。

（組合員名簿の作成，備置き及び閲覧等）

第15条　本組合は，組合員名簿を作成し，各組合員について次に掲げる事項を記
　　載するものとする。

　(1)　氏名及び住所又は居所

　(2)　加入の年月日

　(3)　出資口数及び金額並びにその払込みの年月日

2　本組合は，組合員名簿を主たる事務所に備え置くものとする。

3　組合員及び本組合の債権者は，本組合に対して，その業務取扱時間内は，い

つでも，組合員名簿の閲覧又は謄写の請求をすることができる。この場合においては，本組合は，正当な理由がないのにこれを拒むことができない。

（会計帳簿等の閲覧等）

第16条　組合員は，総組合員の100分の3以上の同意を得て，本組合に対して，その業務取扱時間内はいつでも，会計帳簿又はこれに関する資料（電磁的記録に記録された事項を表示したものを含む。）の閲覧又は謄写の請求をすることができる。この場合においては，本組合は，正当な理由がないのにこれを拒むことができない。

（組合員意見を反映させる方策）

第17条　組合員の意見を，本組合の事業の運営に反映させるため，本組合の主たる事務所に，意見箱を設置するほか，規約に定めるところにより，本組合の会員用ホームページに，組合員が意見を投稿するための仕組みを設けるものとする。

第4章　出資及び持分

（出資1口の金額）

第18条　出資1口の金額は，○○円とし，組合員は出資1口以上を有しなければならない。

（出資の払込み）

第19条　出資は，一時に全額を払い込まなければならない。ただし，組合に加入しようとするものは，本組合に対し，出資を分割して払い込むことができるものとする。ただし，この場合の最初の払込金額は，1口につき，その金額の4分の1を下ることができない。

2　前項ただし書きの場合，組合に加入しようとする者は，引受出資口数に応ずる金額全額の払込みを完了したときに本組合の組合員となる。

（現物出資）

第20条　本組合に現物出資をする者の氏名，出資の目的たる財産及びその価格並びにこれに対して与える出資口数は，別表のとおりとする。

第5章　役　員

(役員の定数)

第21条　役員の定数は，次のとおりとする。

　⑴　理事　〇人

　⑵　監事　〇人

(役員の任期)

第22条　役員の任期は，次のとおりとする。

　⑴　理事　〇年又は任期中の第〇回目の通常総会の終結時までのいずれか短い
　　期間。ただし，就任後第〇回目の通常総会が〇年を過ぎて開催される場合に
　　はその総会の終結時まで任期を伸長する。

　⑵　監事　△年又は任期中の第△回目の通常総会の終結時までのいずれか短い
　　期間。ただし，就任後第△回目の通常総会が△年を過ぎて開催される場合に
　　はその総会の終結時まで任期を伸長する。

2　補欠（定数の増加に伴う場合の補充を含む。）のため選出された役員の任期
　は，現任者の残任期間とする。

3　理事又は監事の全員が任期満了前に退任した場合において，新たに選出され
　た役員の任期は，第1項に規定する任期とする。

4　任期の満了又は辞任によって退任した役員は，その退任により，前条に定め
　た理事又は監事の定数の下限の員数を欠くこととなった場合には，新たに選出
　された役員が就任するまでなお役員としての職務を行う。

(理事長及び役職理事の選定)

第23条　理事のうち1人を理事長とし，理事会において，理事の中から選定する。

2　理事会の決議により，理事の中から，副理事長及び専務理事を選定すること
　ができる。

(代表理事の職務等)

第24条　理事長を代表理事とする。

2　理事長は，本組合の業務に関する一切の裁判上又は裁判外の行為をする権限
　を有し，本組合を代表し，本組合の業務を執行する。

3　任期の満了又は辞任により退任した理事長は，新たに選任された理事長が就

任するまで，なお理事長としての権利義務を有する。

4　本組合は，理事長その他の代理人が，その職務を行う際，第三者に加えた損害を賠償する責任を負う。

5　理事長の代表権に加えた制限は善意の第三者に対抗できない。

6　理事長は，総会の議決によって禁止されないときに限り，特定の行為の代理を他人に委任することができる。

7　本組合は，代表理事以外の理事に，副理事長その他組合を代表する権限を有するものと認められる名称を付した場合には，当該理事がした行為について，善意の第三者に対してその責任を負う。

（監事の職務）

第25条　監事は，いつでも，会計の帳簿及び書類の閲覧若しくは謄写をし，又は理事及び職員に対して会計に関する報告を求めることができる。

2　監事は，その職務を行うため特に必要があるときは，本組合の業務及び財産の状況を調査することができる。

（理事の忠実義務）

第26条　理事は，法令，定款及び規約の定め並びに総会の決議を遵守し，本組合のため忠実にその職務を遂行しなければならない。

（役員の選任）

第27条　役員の選任は，総会の議決による。

2　役員の選任に関する事項は，本条で定めるもののほか規約で定める。

（理事及び監事の報酬）

第28条　役員に対する報酬は，理事と監事を区分して総会において定める。

第6章　総会及び理事会

（総会の招集）

第29条　総会は，通常総会及び臨時総会とする。

2　通常総会は毎事業年度終了後3カ月以内に，臨時総会は必要があるときはいつでも，理事会の議決を経て，理事長が招集する。

（総会招集の手続）

第30条　総会の招集は，会日の10日前までに到達するように，会議の目的たる事

項及びその内容及び日時並びに，場所を定めた場合には当該場所を記載した書面を各組合員に発してするものとする。また，通常総会の招集に際しては，決算関係書類，事業報告書及び監査報告のほか，組合員の意見を反映させる方策の実施の状況及びその結果に関する報告書を併せて提供するものとする。

2　前項の書面をもってする総会招集通知の発出は，組合員名簿に記載したその者の住所（その者が別に通知を受ける場所を本組合に通知したときはその場所）に宛てて行う。

3　第1項の規定による書面をもってする総会招集通知は，通常到達すべきであった時に到達したものとみなす。

4　本組合は，希望する組合員に対しては，第1項の規定による総会招集通知並びに決算関係書類，事業報告書，監査報告，組合員の意見を反映させる方策の実施の状況及びその結果に関する報告書の提供を電磁的方法により行うことができる。

5　前項の通知については，第2項及び第3項の規定を準用する。この場合において，第2項中「総会招集通知の発出は」とあるのは，「総会招集通知の電子メールによる発出は」と，同項中「住所」とあるのは「住所（電子メールアドレスを含む。）」と読み替えるものとする。

6　電磁的方法について必要な事項は，規約で定める（以下同じ。）。

7　第1項の規定にかかわらず，本組合は，組合員全員の同意があるときは招集の手続を経ることなく総会を開催することができる。

（臨時総会の招集請求）

第31条　総組合員の5分の1以上の同意を得て臨時総会の招集を請求しようとする組合員は，会議の目的たる事項及び招集の理由を記載した書面を理事会に提出するものとする。

2　組合員は，前項の規定による書面の提出に代えて，電磁的方法によりこれを提出することができる。

（書面又は代理人による議決権の行使）

第32条　組合員は，第30条第1項の規定によりあらかじめ通知のあった事項につき，書面又は代理人をもって議決権を行使することができる。この場合は，代理人は他の組合員1名でなければならない。

3　組合員は，第1項の規定による書面をもってする議決権の行使に代えて，議

決権を電磁的方法により行うことができる。

4　代理人は，代理権を証する書面を本組合に提出しなければならない。この場合において，電磁的方法により議決権を行うときは，書面の提出に代えて，代理権を電磁的方法により証明することができる。

（総会の議事）

第33条　総会の議事は，労働者協同組合法に特別の定めがある場合を除き，総組合員の半数以上が出席し，その議決権の過半数で決するものとし，可否同数のときは，議長が決する。

（総会の議長）

第34条　総会の議長は，総会ごとに，出席した組合員のうちから選任する。

（緊急議案）

第35条　総会においては，出席した組合員（書面又は代理人により議決権又は選挙権を行使する者を除く。）の3分の2以上の同意を得たときに限り，第30条第1項の規定によりあらかじめ通知のあった事項以外の事項についても議案とすることができる。

（総会の議事録）

第36条　総会の議事録は，書面又は電磁的記録をもって作成するものとする。

2　前項の議事録には，次に掲げる事項を記載又は記録するものとする。

(1)　招集年月日

(2)　開催の日時及び場所（ただし，場所を定めた場合に限る）

(3)　理事・監事の数及び出席理事・監事の数並びにその出席方法

(4)　組合員数及び出席者数並びにその出席方法

(5)　出席理事の氏名

(6)　出席監事の氏名

(7)　議長の氏名

(8)　議事録の作成に係る職務を行った理事の氏名

(9)　議事の経過の要領及びその結果（議案別の議決の結果，可決，否決の別及び賛否の議決権数）

(10)　監事が，総会において監事の選任，解任若しくは辞任について述べた意見，又は総会において述べた監事の報酬等についての意見の内容の概要

(11)　監事が報告した会計に関する議案又は決算関係書類に関する調査の結果の

内容の概要

（理事会の招集権者）

第37条　理事会は，理事長が招集する。

2　理事長以外の理事は，招集権者に対し，理事会の目的である事項を示して，理事会の招集を請求することができる。

3　前項の請求があった日から５日以内に，その請求があった日から２週間以内の日を理事会の日とする理事会の招集の通知が発せられない場合には，その請求をした理事は，理事会を招集することができる。

（理事会の招集手続）

第38条　理事長は，理事会の日の１週間前までに，各理事及び監事に対してその通知を発しなければならない。

2　前項の規定にかかわらず，理事会は，理事の全員の同意があるときは，招集の手続を経ることなく開催することができる。

3　本組合は，希望する理事に対しては，第１項の規定による理事会招集通知を電磁的方法により行うことができる。

（理事会の決議）

第39条　理事会の決議は，議決に加わることができる理事の過半数が出席し，その過半数で決する。

2　前項の決議について特別の利害関係を有する理事は，議決に加わることができない。

3　理事は，書面又は電磁的方法により理事会の議決に加わることができる。

4　理事が理事会の決議の目的である事項について提案をした場合において，当該提案につき理事（当該事項について議決に加わることができるものに限る。）の全員が書面又は電磁的記録により同意の意思表示をしたとき（監事が当該提案について異議を述べたときを除く。）は，当該提案を可決する旨の理事会の決議があったものとみなす。

5　理事又は監事が理事及び監事の全員に対して理事会に報告すべき事項を通知したときは，当該事項を理事会へ報告することを要しない。

（理事会の議長及び議事録）

第40条　理事会においては，理事長がその議長となる。

2　理事会の議事録は，書面又は電磁的記録をもって作成し，出席した理事及び

監事は、これに署名し、又は記名押印するものとし、電磁的記録をもって作成
した場合には、出席した理事及び監事は、これに電子署名を付するものとする。

3　前項の議事録には、次に掲げる事項を記載又は記録するものとする。

(1)　招集年月日

(2)　開催日時及び場所

(3)　理事・監事の数及び出席理事・監事の数並びにその出席方法

(4)　出席理事の氏名

(5)　出席監事の氏名

(6)　出席組合員の氏名

(7)　議長の氏名

(8)　決議事項に特別の利害関係を有する理事の氏名

(9)　議事の経過の要領及びその結果（議案別の議決の結果、可決、否決の別及
び賛否の議決権数並びに賛成した理事の氏名及び反対した理事の氏名）

(10)　理事会の招集を請求し出席した組合員の意見の内容の概要

(11)　本組合と取引をした理事の報告の内容の概要

(12)　その他（理事会が次に掲げるいずれかのものに該当するときは、その旨）

①　招集権者以外の理事による招集権者に対する理事会の招集請求を受けて
招集されたものである場合

②　①の請求があった日から5日以内に、その請求があった日から2週間以
内の日を理事会の日とする理事会の招集の通知が発せられない場合に、そ
の請求をした理事が招集したものである場合

③　監事の請求を受けて招集されたものである場合

④　③の請求があった日から5日以内に、その請求があった日から2週間以
内の日を理事会の日とする理事会の招集の通知が発せられない場合に、そ
の請求をした監事が招集したものである場合

4　次の各号に掲げる場合の理事会の議事録は、当該各号に定める事項を内容と
するものとする。

(1)　第39条第4項の規定に基づき、当該提案を可決する旨の理事会の決議が
あったものとみなした場合には、次に掲げる事項

①　理事会の決議があったものとみなされた事項の内容

②　①の事項の提案をした理事の氏名

③　理事会の決議があったものとみなされた日
④　議事録の作成に係る職務を行った理事の氏名
(2)　第39条第5項の規定に基づき，当該事項を理事会へ報告することを要しないものとした場合には，次に掲げる事項
①　理事会への報告を要しないものとされた事項の内容
②　理事会への報告を要しないものとされた日
③　議事録の作成に係る職務を行った理事の氏名

第7章　会　　　計

(事業年度)
第41条　本組合の事業年度は，毎年○月○日に始まり，翌年△月△日に終わるものとする。
(利益準備金)
第42条　本組合は，出資総額の2分の1に相当する金額に達するまでは，毎事業年度の剰余金の10分の1以上を利益準備金として積み立てるものとする。
2　前項の準備金は，損失のてん補に充てる場合を除いては，取り崩さない。
(就労創出等積立金)
第43条　本組合は，事業規模又は事業活動の拡大を通じた就労の機会の創出を図るために必要な費用に充てるため，毎事業年度の剰余金の20分の1以上を就労創出等積立金として積み立てなければならない。
(教育繰越金)
第44条　本組合は，組合員の本組合の事業に関する知識の向上を図るために必要な費用に充てるため，毎事業年度の剰余金の20分の1以上を教育繰越金として翌事業年度に繰り越さなければならない。
(配当又は繰越し)
第45条　当期純利益金額に前期繰越剰余金又は前期繰越損失金を加減した当期未処分剰余金から，第42条の規定による利益準備金及び第43条の規定による就労創出等積立金及び前条の規定による教育繰越金を控除してなお剰余があるときは，総会の議決によりこれを組合員に配当し，又は翌事業年度に繰り越すものとする。

（配当の方法）

第46条　前条の配当は，組合員が本組合の事業に従事した程度に応じて，総会の議決を経て行うものとし，出資に対する配当は行わない。

2　前項の事業に従事した程度の評価は，事業に従事した日数，時間のほか業務の質及び責任の軽重を考慮して行うものとする。

（損失の処理）

第47条　損失の処理は，利益準備金，資本剰余金の順序に従ってするものとする。

附　則

1　設立当時の役員は，創立総会で選任するものとし，その任期は，第22条の規定にかかわらず，創立総会において定める期間とする。ただし，その期間は，1年を超えてはならない。

2　最初の事業年度は，第41条の規定にかかわらず，本組合の成立の日から令和△年△月△日までとする。

また，監事を置かず，組合員監査会を置く場合のサンプルについては，上記定款規定中，変更・削除を要する部分，追加する部分のみを以下に示します。

○○労働者協同組合定款

第5章　役員及び組合員監査会

〜略〜

（役員の定数）

第20条　役員の定数は，次のとおりとする。

（1）　理事　○人

（役員の任期）

第21条　理事の任期は，○年又は任期中の第○回目の通常総会の終結時までのいずれか短い期間とする。ただし，就任後第○回目の通常総会が○年を過ぎて開催される場合にはその総会の終結時まで任期を伸長する。

2　補欠（定数の増加に伴う場合の補充を含む。）のため選出された理事の任期は，現任者の残任期間とする。

3　理事の全員が任期満了前に退任した場合において，新たに選出された理事の任期は，第1項に規定する任期とする。

4　任期の満了又は辞任によって退任した理事は，その退任により，前条に定めた理事の定数の下限の員数を欠くこととなった場合には，新たに選出された理事が就任するまでなお役員としての職務を行う。

〜略，第25条は削除〜

（理事の選任）

第26条　理事の選任は，総会の議決による。

2　理事の選任に関する事項は，本条で定めるもののほか規約で定める。

（理事の報酬）

第27条　理事に対する報酬は，総会において定める。

〜以下追加部分〜

（組合員監査会の設置）

第○条　本組合に，組合員監査会を置く。

（組合員監査会の組織）

第○条　組合員監査会は，理事以外のすべての組合員（以下，「監査会員」という。）をもって組織する。

（組合員監査会の権限）

第○条　組合員監査会は，理事の職務の執行を監査し，厚生労働省令に定めるところにより，監査報告を作成する。

2　組合員監査会は，いつでも，理事及び支配人その他の使用人に対して事業の報告を求め，又は本組合の業務および財産の状況を調査することができる。

3　組合員監査会は，理事が不正の行為をし，若しくは当該行為をするおそれがあると認めるとき，又は法令若しくは定款に違反する事実若しくは著しく不当な事実があると認めるときは，遅滞なく，その旨を理事に報告しなければなならないものとする。

4　組合員監査会は，理事が総会に提出しようとする議案，書類その他厚生労働省令で定めるものを調査しなければならない。この場合において，法令若しくは定款に違反する事実若しくは著しく不当な事項があると認めるときは，その

76

調査の結果を総会に報告しなければならない。

（組合員監査会の招集）

第○条　組合員監査会は，各監査会員が招集する。

2　組合員監査会を招集するには，監査会員は，組合員監査会の日の1週間前までに，各監査会員に対してその通知を発しなければならない。ただし，監査会員全員の同意があるときは，招集の手続を経ることなく開催することができる。

（組合員監査会の決議）

第○条　組合員監査会の決議は，監査会員の過半数をもって行う。

2　理事が監査会員の全員に対して，組合員監査会に報告すべき事項を通知したときは，当該事項を組合員監査会に報告することを要しない。

（組合員監査会の議長及び議事録）

第○条　組合員監査会においては，組合員監査会毎に，出席した監査委員の過半数の同意により，監査委員の中から議長を選任する。

2　組合員監査会の議事については，議事録を作成し，議長及び，当該組合員監査会で選ばれた議事録署名人2名がこれに署名し，又は記名押印するものとし，電磁的記録をもって作成した場合には，これに電子署名を付するものとする。

3　前項の議事録には，次に掲げる事項を記載又は記録するものとする。

(1)　組合員監査会が開催された日時及び場所（当該組合員監査会の場所を定めた場合に限り，当該場所に存しない組合員監査会を組織する組合員が当該組合員監査会に出席をした場合における当該出席の方法を含む。）又は方法（当該組合員監査会の場所を定めなかった場合に限る。）

(2)　組合員監査会の議事の経過の要領及びその結果

(3)　組合員監査会に出席した組合員監査会を組織する組合員の氏名

(4)　組合員監査会の議長が存するときは，議長の氏名

(5)　第○条第2項の規定により組合員監査会への報告を要しないものとされた場合には，組合員監査会の議事録は，次の各号に掲げる事項を内容とするものとする。

・組合員監査会への報告を要しないものとされた事項の内容

・組合員監査会への報告を要しないものとされた日

・議事録の作成に係る職務を行った監査会員の氏名

　　　　　　　　　～以上追加部分～

第6章　総会及び理事会

（理事会の招集手続）

第○条　理事長は，理事会の日の1週間前までに，各理事及び監査会員に対して
　　その通知を発しなければならない。

2　前項の規定にかかわらず，理事会は，理事及び監査会員の全員の同意がある
　　ときは，招集の手続を経ることなく開催することができる。

3　本組合は，希望する理事又は監査会員に対しては，第1項の規定による理事
　　会招集通知を電磁的方法により行うことができる。

（理事会の決議）

第○条　（略）

4　理事が理事会の決議の目的である事項について提案をした場合において，当
　　該提案につき理事（当該事項について議決に加わることができるものに限る。）
　　の全員が書面又は電磁的記録により同意の意思表示をしたとき（組合員監査会
　　が当該提案について異議を述べたときを除く。）は，当該提案を可決する旨の
　　理事会の決議があったものとみなす。

5　理事が理事及び監査会員の全員に対して理事会に報告すべき事項を通知した
　　ときは，当該事項を理事会へ報告することを要しない。

（理事会の議長及び議事録）

第○条　理事会においては，理事長がその議長となる。

2　理事会の議事録は，書面又は電磁的記録をもって作成し，出席した理事及び
　　監査会員は，これに署名し，又は記名押印するものとし，電磁的記録をもって
　　作成した場合には，出席した理事及び監査会員は，これに電子署名を付するも
　　のとする。

3　前項の議事録には，次に掲げる事項を記載するものとする。

　(1)　招集年月日

　(2)　開催日時及び場所

　(3)　理事・組合員の数及び出席理事・組合員の数並びにその出席方法

　(4)　出席理事の氏名

　(5)　出席監査会員の氏名

78

(6)　議長の氏名

(7)　決議事項に特別の利害関係を有する理事の氏名

(8)　議事の経過の要領及びその結果（議案別の議決の結果，可決，否決の別及び賛否の議決権数並びに賛成した理事の氏名及び反対した理事の氏名）

(9)　理事会の招集を請求し出席した監査会員の意見の内容の概要

(10)　本組合と取引をした理事の報告の内容の概要

(11)　その他（理事会が次に掲げるいずれかのものに該当するときは，その旨）

　　①　招集権者以外の理事による招集権者に対する理事会の招集請求を受けて招集されたものである場合

　　②　①の請求があった日から5日以内に，その請求があった日から2週間以内の日を理事会の日とする理事会の招集の通知が発せられない場合に，その請求をした理事が招集したものである場合

　　③　組合員監査会の請求を受けて招集されたものである場合

　　④　③の請求があった日から5日以内に，その請求があった日から2週間以内の日を理事会の日とする理事会の招集の通知が発せられない場合に，その請求をした組合員監査会が招集したものである場合

4　次の各号に掲げる場合の理事会の議事録は，当該各号に定める事項を内容とするものとする。

(1)　第○条第4項の規定に基づき，当該提案を可決する旨の理事会の決議があったものとみなした場合には，次に掲げる事項

　　①　理事会の決議があったものとみなされた事項の内容

　　②　①の事項の提案をした理事の氏名

　　③　理事会の決議があったものとみなされた日

　　④　議事録の作成に係る職務を行った理事の氏名

(2)　第○条第5項の規定に基づき，当該事項を理事会へ報告することを要しないものとした場合には，次に掲げる事項

　　①　理事会への報告を要しないものとされた事項の内容

　　②　理事会への報告を要しないものとされた日

　　③　議事録の作成に係る職務を行った理事の氏名

なお，総代会を置く場合は，第6章を次のような規定にします。

第6章　総会，総代会，理事会

（総代会）

第○条　本組合に総代会を置く。

（総代の定数及び総代会名簿）

第○条　総代の定数は○○人とする。

2　本組合は，総代名簿を作成し，各組合員について次に掲げる事項を記載するものとする。

　⑴　氏名及び住所又は居所

　⑵　代表する地域

（総代の任期）

第○条　総代の任期は，○年とする。

2　補欠（定数の増加に伴う場合の補充を含む。）のため選出された役員の任期は，現任者の残任期間とする。

（総代の選挙）

第○条　総代は，別表に掲げる地域ごとに，同表に掲げる人数をその地域に属する組合員のうちから選挙する。

2　総代の選挙は，単記式無記名投票によって行う。

（総代会の招集）

第○条　総代会は，通常総代会と臨時総代会とする。

1　通常総代会は，毎事業年度終了後○カ月以内に，臨時総代会は，必要があるときはいつでも，理事会の議決を経て，理事長が招集する。

（総代会招集の手続）

第○条　総代会の招集は，会日の10日前までに到達するように，会議の目的たる事項及びその内容及び日時並びに，場所を定めた場合には当該場所を記載した書面を各総代に発してするものとする。また，通常総代会の招集に際しては，決算関係書類，事業報告書及び監査報告を併せて提供するものとする。

2　前項の書面をもってする総代会招集通知の発出は，総代名簿に記載したその者の住所（その者が別に通知を受ける場所を本組合に通知したときはその場所）に宛てて行う。

3 第1項の規定による書面をもってする総代会招集通知は，通常到達すべきで
　あった時に到達したものとみなす。

4 本組合は，希望する総代に対しては，第1項の規定による総代会招集通知並
　びに決算関係書類，事業報告書及び監査報告の提供を電磁的方法により行うこ
　とができる。

5 前項の通知については，第2項及び第3項の規定を準用する。この場合にお
　いて，第2項中「総代会招集通知の発出は」とあるのは，「総代会招集通知の
　電子メールによる発出は」と，同項中「住所」とあるのは「住所（電子メール
　アドレスを含む。）」と読み替えるものとする。

6 電磁的方法について必要な事項は，規約で定める（以下同じ。）。

7 第1項の規定にかかわらず，本組合は，総代全員の同意があるときは招集の
　手続を経ることなく総会を開催することができる。

（臨時総代会の招集請求）

第○条 総総代の5分の1以上の同意を得て臨時総代会の招集を請求しようとす
　る総代は，会議の目的たる事項及び招集の理由を記載した書面を理事会に提出
　するものとする。

2 総代は，前項の規定による書面の提出に代えて，電磁的方法によりこれを提
　出することができる。

（書面又は代理人による議決権の行使）

第○条 総代は，第○条第1項の規定によりあらかじめ通知のあった事項につき，
　書面又は代理人をもって議決権を行使することができる。この場合は，代理人
　は他の組合員1名でなければならない。

3 総代は，第1項の規定による書面をもってする議決権の行使に代えて，議決
　権を電磁的方法により行うことができる。

4 代理人は，代理権を証する書面を本組合に提出しなければならない。この場
　合において，電磁的方法により議決権を行うときは，書面の提出に代えて，代
　理権を電磁的方法により証明することができる。

（総代会の議事）

第○条 総代会の議事は，労働者協同組合法に特別の定めがある場合を除き，総
　総代の半数以上が出席し，その議決権の過半数で決するものとし，可否同数の
　ときは，議長が決する。

（総代会の議長）

第○条　総代会の議長は，総代会ごとに，出席した総代のうちから選任する。

（緊急議案）

第○条　総代会においては，出席した総代（書面又は代理人により議決権又は選挙権を行使する者を除く。）の3分の2以上の同意を得たときに限り，第○条第1項の規定によりあらかじめ通知のあった事項以外の事項についても議案とすることができる。

（総代会の議決事項）

第○条　総代会においては，法又はこの定款で定めるもののほか，次の事項を議決する。

(1)　借入金残高の最高限度

(2)　1組合員に対する貸付又は1組合員のためにする債務保証の最高限度

(3)　その他理事会において必要と認める事項

（総代会の議事録）

第○条　総代会の議事録は，書面又は電磁的記録をもって作成するものとする。

2　前項の議事録には，次に掲げる事項を記載又は記録するものとする。

(1)　招集年月日

(2)　開催の日時及び場所（ただし，場所を定めた場合に限る）

(3)　理事・監事の数及び出席理事・監事の数並びにその出席方法

(4)　総代数及び出席者数並びにその出席方法

(5)　出席理事の氏名

(6)　出席監事の氏名

(7)　議長の氏名

(8)　議事録の作成に係る職務を行った理事の氏名

(9)　議事の経過の要領及びその結果（議案別の議決の結果，可決，否決の別及び賛否の議決権数）

(10)　監事が，総代会において監事の選任，解任若しくは辞任について述べた意見，又は総代会において述べた監事の報酬等についての意見の内容の概要

(11)　監事が報告した会計に関する議案又は決算関係書類に関する調査の結果の内容の概要

〜理事会部分省略〜

（総会の議決事項）

第○条　総会は，組合の解散，合併又は事業の全部の譲渡に限り，議決することができる。

（総会の招集）

第○条　総会は，前条に掲げる事項を議決する必要がある時に限り，理事会の議決を経て，理事長が招集する。

（総代会の規定の準用）

第○条　総会については，第○条（総代会招集の手続），第○条（書面又は代理人による議決権又は選挙権の行使），第○条（総代会の議長），第○条（緊急議案）及び第○条（総代会の議事録）の規定を準用する。

②　公告・創立総会

　発起人は，定款を，会議の日時および場所とともに公告して，創立総会を開かなければなりません。創立総会の日時のほか，場所を公告しなければならないとされていることから，設立後の総会と異なり，創立総会については，バーチャルオンリー型の総会は，想定されておらず，必ず，開催場所を設け，現実の会議体を開催しなければならないものと考えられます。創立総会の議事録について規定する労働者協同組合法施行規則第4条第3項第1号でも，記載事項として「場所」が規定されています。

　それでは，会議体は設けたうえで，組合員となろうとする者等が，テレビ会議システム等を通じてバーチャル出席を行うこと（ハイブリッド型）が可能かどうかですが，労働者協同組合法施行規則上，設立後の議事録の記載事項としてあるような，「その場に存しない役員等が創立総会に出席した場合における当該出席の方法」という記載事項は規定されておらず，法令上は，こうした出席方法を想定してはいないように思われます。そうした参加方法が認められるかどうかについては，可能であるという公式見解が出ない限りは，実務上は，消極的に解釈しておいた方が無難だと考えます。

　また，前記のとおり，定款のほか，創立総会の日時および場所を公告する必

要がありますが，この公告は，創立総会開催日の少なくとも 2 週間前までに行わなければなりません（労協法23条 2 項）。この公告は，設立に同意し，組合員となろうとする者を広く求めるために行うものだと思われますが，その方法については，労働者協同組合法では特に定められていません。よって，「その方法は法定されていないので，発起人が設立事務所に掲示し，あるいは新聞に掲載する等適宜の方法をとればよい」[43]ものと考えられます。

　創立総会においては，発起人が作成した定款の承認，事業計画の設定や役員の選挙，その他設立に必要な事項の決定等を行います。創立総会においては，発起人が作成した定款を修正することができますが，組合員の資格に関する事項については，修正することができません（労協法23条 3 項，4 項，32条 3 項）。

　創立総会の議事は，組合員たる資格を有する者で，その会日までに発起人に対して設立の同意を申し出た者の半数以上が出席して，その議決権の 3 分の 2 以上で行います。

　創立総会の議事については，厚生労働省令の定めるところにより，議事録を作成しなければなりません。これを受け，労働者協同組合法施行規則では，議事録には，次の事項を記載しなければならないものとされています（労施規 4 条 3 項）。

ア．創立総会が開催された日時および場所
イ．創立総会の議事の経過の要領およびその結果
ウ．創立総会に出席した発起人または設立当時の役員の氏名または名称
エ．創立総会の議長の氏名
オ．議事録の作成に係る職務を行った発起人の氏名または名称

---

③　発起人からの事務の引継ぎ

　発起人は，創立総会において理事を選任したときは，遅滞なく，その事務を

43　中央会・逐条解説137頁，参考，厚生労働省ＨＰ「知りたい！労働者協同組合法　よくある質問」

84

当該理事に引き渡さなければなりません（労協法24条）。この引継ぎによって，発起人の職務は終了し，機関としての発起人は消滅します。引継ぎ後の設立事務，すなわち，出資金の徴収や，設立の登記申請等は，理事が行うことになります[44]。

　株式会社について規定する会社法においては，設立時取締役の権限は限定されており，たとえば，定款で，事務所の所在地について，最小行政区画までしか定めていない場合は，具体的所在場所については，発起人の決定により行いますが，前記のとおり，労働者協同組合の場合は，成立前から理事は存在し，事務の引継ぎを受けた理事は，成立後と同様に，理事としての権限を有し，理事会を構成して，事務所の所在場所の決定や，代表理事の選定も行うことができます。

④　出資の第1回の払込み

　理事は，③の事務の引継ぎを受けたときは，遅滞なく，出資の第1回払込みをさせなければなりません。この払込みの金額は，出資1口につき，その金額の4分の1を下ることができません。また，現物出資がある場合，当該現物出資を行う出資者は，第1回の払込期日に，出資の目的たる財産の全部を給付しなければなりません。ただし，登記等，第三者に対抗するために必要な行為は，労働者協同組合の成立後に行えば足ります（労協法25条）。

　この出資の第1回の払込みというのは，組合側からみて最初の出資の払込みをいい，この出資が完了しないと組合の設立の登記を申請することができません。また，組合員は，出資1口以上を有しなければなりませんから，設立に同意した者がこの払込みをしないときは，労働者協同組合の成立時の組合員たる地位を取得しません[45]。

44　中央会・逐条解説142頁
45　中央会・逐条解説143頁

⑤　**設立の登記**

　労働者協同組合の設立の登記は，出資の払込みその他設立に必要な手続きが終了した日から2週間以内にしなければなりません（組登令2条）。

　労働者協同組合は，主たる事務所の所在地において，設立の登記をすることによって成立し，法人格を取得します（労協法26条）。この設立の登記をした日（申請が主たる事務所の所在地の法務局に到達し，受付が完了した日）が，成立年月日となります。

　この登記申請には，定款，組合等を代表すべき者の資格を証する書面のほか，出資の総口数および払い込んだ出資の総額，電子公告を公告方法とする旨の定めがあるときは，電子公告関係事項を証する書面を添付する必要があります（組登令16条2項および3項）。

　申請書等のサンプルは以下のとおりです。

【申請書サンプル】

労働者協同組合設立登記申請書

  フリガナ   ○○

1．名 称   ○○労働者協同組合

1．主たる事務所 ○○県○○市○町○丁目○番○号

1．登記の事由   令和○○年○○月○○日設立の手続終了

1．登記すべき事項 別紙のとおり

1．添付書類

    定款   1通

    創立総会議事録   1通

    理事会議事録   1通

    代表理事の理事及び代表理事の就任承諾書 2通

    出資の総口数を証する書面 ○通

    出資の払込みのあったことを証する書面 ○通

    （代理人による場合は，委任状 1通）

上記のとおり，登記の申請をします。

  令和○○年○○月○○日

   申請人

   ○○県○○市○町○丁目○番○号

   ○○労働者協同組合

   ○県○市○町○丁目○番○号

   代表理事 ○○○○

   連絡先の電話番号 ○○○－○○○－○○○○

 ○○ 法務局 支 局 御中

       出張所

登記すべき事項【別紙】

「名称」○○労働者協同組合

「主たる事務所」○○県○○市○町○丁目○番○号

「目的等」

事業

⑴　○○事業

⑵　○○事業

⑶　前各号に附帯又は関連する一切の事業

「役員に関する事項」

「資格」代表理事

「住所」○県○市○町○丁目○番○号

「氏名」○○○○

「公告の方法」本組合の公告は，本組合の掲示場に掲示してする。

「出資1口の金額」金○○円

「出資の総口数」○○口

「払込済出資総額」金○○○万円

「出資払込の方法」

　出資は，一時に全額を払い込まなければならない。ただし，組合に加入しよう
とするものは，本組合に対し，出資を分割して払い込むことができるものとし，
この場合の最初の払込金額は，1口につき，その金額の4分の1を下ることがで
きない。

「登記記録に関する事項」設立

88

【創立総会議事録サンプル】

創立総会議事録

　令和○○年○○月○○日午後○時○分，○○県○○市○町○丁目○番○号当組合創立事務所において，○○労働者協同組合の創立総会を開催した。本日の出席者は，次のとおりであり，本総会は，有効に成立した。

　　　令和○○年○○月○○日までに設立の同意を申し出た者の総数○○名
　　　　　　　　　　　　　　　　　　　　　うち出席者数○○名

　定刻，まず，司会者として○○○○が立ち，本総会の議長の選出をしたところ，議長には，○○○○が選出され，議長席に着いた。議長は，本組合の本日に至るまでの設立経過につき詳細に説明報告し，満場一致の承認があったので，次の議案の審議に移った。

　　　第1号議案　原始定款承認の件
　議長は，本議案につき，各条ごとに説明をし，その承認を求めたところ，満場異議なく，原案のとおり承認可決した。

　　　第2号議案　役員選任の件
　議長は，本義案につき，設立当初の役員として，以下の者を選任願いたい旨を述べ，その理由を説明し，議場に諮ったところ，満場意義なく賛成し，原案通り可決確定した。
　理　　　事　○県○市○町○丁目○番○号　　　○○○○
　　　　　　　○県○市○町○丁目○番○号　　　○○○○
　　　　　　　○県○市○町○丁目○番○号　　　○○○○
　監　　　事　○県○市○町○丁目○番○号　　　○○○○
　被選任者は，全員席上で就任を承諾した。ここで議長は，労働者協同組合法36条3項の規定により，上記の役員の任期は本総会で定めなければならない旨を告げ，その期間をいつまでとすべきかを諮ったところ，第1回の通常総会終結の時までと決定した。

　　　第3号議案　初年度の収支予算案及び事業計画案の承認の件

　議長は，本議案につき，配布した原案の詳細な説明をし，その承認について諮ったところ，全員異議なく承認可決した。

　以上をもって本日の創立総会の議案の全部を終了したので，議長は閉会の挨拶を述べ，午後○時○分に散会した。以上の議事の要領及び結果を明確にするため，議長及び発起人は次に記名する。

　令和○○年○○月○○日

　○○労働者協同組合創立総会において
　議　長　○○○○
　発起人　○○○○
　　同　　○○○○
　　同　　○○○○
　　同　　○○○○
　　議事録の作成に係る職務を行った者　○○　○○

90

【理事会議事録サンプル】

理事会議事録

　令和○○年○○月○○日午後○時，○県○市○町○丁目○番○号当組合創立事務所において，理事会を開催した。

出席者　理事総数　○名　　出席理事　○名
　　　　監事総数　○名　　出席監事　○名

　議長として理事○○○○が選出され，直ちに審議に入った。

　　　　第1号議案　代表理事選定の件
　議長は，本組合の代表理事1名を選定する必要があり，議場に諮ったところ，満場一致により，次のとおり決定した。
　なお，被選定者は，即時就任を承諾した。
　代表理事　○県○市○町○丁目○番○号　○○○○

　　　　第2号議案　主たる事務所決定の件
　議長は，本組合の主たる事務所を次の通りとしたい旨を述べ，議場に諮ったところ，全員異議なく，これを承認した。
　主たる事務所　○県○市○町○丁目○番○号

　以上で議事の全部が終了したので，議長は閉会を宣言した。以上の議事の要領及び結果を明確にするため，出席理事及び監事が次に記名押印する。

　令和○○年○○月○○日

　○○労働者協同組合理事会において
　議長代表理事　　○○○○
　　出席理事　　　○○○○
　　出席理事　　　○○○○
　　出席監事　　　○○○○

【代表理事が理事に就任することを承諾したことを証する書面】

就 任 承 諾 書

　私は，令和○○年○○月○○日開催の貴組合創立総会において，貴組合の理事
に選任されたので，その就任を承諾します。
　　　　　　　　　令和○○年○○月○○日
　　　　　　　　　○県○市○町○丁目○番○号
　　　　　　　　　○○○○

○○労働者協同組合　御中

【代表理事が就任承諾したことを証する書面】

就 任 承 諾 書

　私は，令和○○年○○月○○日開催の貴組合理事会において，貴組合の代表理
事に選定されたので，その就任を承諾します。
　　　　　　　　　令和○○年○○月○○日
　　　　　　　　　○県○市○町○丁目○番○号
　　　　　　　　　○○○○

○○労働者協同組合　御中

【出資総口数を証するための出資引受書サンプル】

出資引受書

私は，本組合の設立の趣旨に賛同し，下記のとおり出資の引受けをいたします。

記

1．金 ○○ 円

この出資口数 ○○ 口

ただし，1口の金額 ○○ 円

　　　　　　　　令和○○年○○月○○日
　　　　　　　　○県○市○町○丁目○番○号
　　　　　　　　○○ ○○

○○労働者協同組合 御中

【払い込んだ出資の総額を証するための出資払込領収書サンプル】

出資払込領収書（控）

1．金 ○○ 円

　　この口数 ○○ 口

貴殿の出資に係る当組合出資払込金として，上記の金額を正に受領しました。

　　　　　　　　令和○○年○○月○○日
　　　　　　　　○県○市○町○丁目○番○号
　　　　　　　　○○労働者協同組合
　　　　　　　　代表理事 ○○○○

出資者 ○○ ○○ 殿

【委任状サンプル】

委 任 状

○県○市○町○丁目○番○号

司法書士　　○○　○○

私は，上記の者を代理人に定め，下記に関する一切の権限を委任する。

記

1　当法人の設立登記を申請する一切の件

1　原本還付の請求及び受領の件

令和○○年○○月○○日

　　　○県○市○町○丁目○番○号

　　　○○労働者協同組合

　　　代表理事　○○　○○　（印）※

※委任状を書面で添付する場合は，法務局に提出する印鑑を押印する。

　なお，法人登記を申請する場合，書面により申請する場合には，申請書に（代理人によって申請する場合には，委任状に），法務局に提出した印鑑を押印する必要がありますが（商登規5条，商登規35条の2），電子情報処理組織により申請する場合（代理人によって申請する場合に，委任状を電磁的記録で作成する場合）には，商業登記電子証明書の取得を申請して，それにより電子署名するか，マイナンバー電子証明書等により電子署名をすることになります。そのため，法人設立にあたり，必ずしも，法務局に印鑑を提出する必要はありませんが，本書執筆時点においては，印鑑を提出することが多いと思われます。

　そのため，参考までに，印鑑を提出する際の書式と，提出後，当該印鑑に関する印鑑証明書を取得するための印鑑カードの交付を受ける場合の書式のサンプル（代理人による場合）を，次ページ以下に掲載いたします。印鑑の提出の際には，代表者の印鑑に関する，市区町村長作成の印鑑証明書（3カ月以内のもの）の添付が必要です。

【印鑑届サンプル】

印鑑（改印）届書

※**太枠の中に書いてください。**

　　　（地方）法務局　　　支局・出張所　　　令和　　年　　月　　日　届出

	商　号・名　称	○○労働者協同組合	
（注1）（届出印は鮮明に押印してください。） 届出する 印鑑を押 印する	本店・主たる事務所	○県○市○町○丁目○番○号	
	印鑑提出者	資　格	代表理事
		氏　名	○○○○
		生年月日	平成○○年○○月○○日生

（注2）□印鑑カードは引き継がない。 □印鑑カードは引き継ぐ。 印鑑カード番号_____ 前任者_____	会社法人等番号	
届出人（注3）　□印鑑提出者本人　☑代理人	（注3）の印
住　所　○県○市○町○丁目○番○号	（市区町村に登録した印） ※　代理人は押印不要
フリガナ　シホウショシ　○○○○	
氏　名　司法書士　○○　○○	

委　任　状

　　私は，（住所）　○県○市○町○丁目○番○号

　　　　　（氏名）　司法書士　○○　○○

　を代理人と定め，☑印鑑（改印）の届出，☑添付書面の原本還付請求及び受領

　の権限を委任します。

　　　令和○○年○○月○○日

　　　住　所　○県○市○町○丁目○番○号　　　　代表者の個人の実印を押印する　印　（注3）の印　〔市区町村に登録した印鑑〕

　　　氏　名　○○○○

□　**市区町村長作成の印鑑証明書は，登記申請書に添付のものを援用する。（注4）**

（注1）　印鑑の大きさは，辺の長さが1cmを超え，3cm以内の正方形の中に収まるものでなければなりません。

（注2）　印鑑カードを前任者から引き継ぐことができます。該当する□にレ印をつけ，カードを引き継いだ場合には，その印鑑カードの番号・前任者の氏名を記載してください。

（注3）　本人が届け出るときは，本人の住所・氏名を記載し，**市区町村に登録済みの印鑑**を押印してください。代理人が届け出るときは，代理人の住所・氏名を記載（押印不要）し，委任状に所要事項を記載し（該当する□にはレ印をつける），本人が**市区町村に登録済みの印鑑**を押印してください。なお，本人の住所・氏名が登記簿上の代表者の住所又は氏名と一致しない場合には，代表者の住所又は氏名の変更の登記をする必要があります。

（注4）　この届書には作成後3か月以内の**本人の印鑑証明書**を添付してください。登記申請書に添付した印鑑証明書を援用する場合は，□にレ印をつけてください。

印鑑処理年月日					
印鑑処理番号	受　付	調　査	入　力	校　合

【印鑑カード交付申請書サンプル】

印鑑カード交付申請書

※**太枠の中に書いてください。**

（地方）法務局　　　支局・出張所　令和　　年　　月　　日　申請　　照合印

(注1) 登記所に提出した印鑑の押印欄 法務局に届け出た印鑑を押印する （印鑑は鮮明に押印してください。）	商 号・名 称	○○労働者協同組合		
	本店・主たる事務所	○県○市○町○丁目○番○号		
	印鑑提出者	資　　格	代表理事	
		氏　　名	○○○○	
		生 年 月 日	平成○○年○○月○○日生	
	会社法人等番号			

申請人（注2）　　□印鑑提出者本人　　☑代理人

住　　所	○県○市○町○丁目○番○号	連絡先	☑勤務先　□自宅 □携帯番号
			電話番号
フリガナ	シホウショシ　○○○○		○○○−○○○−○○○○
氏　　名	司法書士　○○ ○○		

委 任 状

　　私は，（住所）　○県○市○町○丁目○番○号

　　　　（氏名）　司法書士　○○ ○○

を代理人と定め，印鑑カードの交付申請及び受領の権限を委任します。

　令和○○年○○月○○日

　住　所　○県○市○町○丁目○番○号

　氏　名　○○○○　　　　　　　法務局に届け出た印鑑を押印する　印　〔登記所に提出した印鑑〕

（注1）　押印欄には，登記所に提出した印鑑を押印してください。

（注2）　該当する□にレ印をつけてください。代理人の場合は，代理人の住所・氏名を記載してください。その場合は，委任状に所要事項を記載し，登記所に提出した印鑑を押印してください。

交 付 年 月 日	印鑑カード番号	担当者印	受領印又は署名

⑥ 行政庁への届出

登記がなされ，労働者協同組合が成立したときは，その成立の日から2週間以内に，登記事項証明書および定款を添えて，その旨ならびに役員の氏名および住所を行政庁に届け出なければなりません（労協法27条，労施規5条）。

書式のサンプルは以下のとおりです。

令和○○年○○月○○日

・・・・・都道府県知事殿

　　　　　組合の住所及び名称　　　　○県○市○町○丁目○番○号
　　　　　　　　　　　　　　　　　　○○労働者協同組合
　　　　　組合を代表する理事の氏名　代表理事　○○○○

労働者協同組合成立届書

　労働者協同組合法第27条の規定により労働者協同組合の成立を別紙の登記事項証明書，定款並びに役員の氏名及び住所を記載した書面を添えて届け出ます。

A列4番の用紙で作成するものとされています。

(参考書式)

役　員　名　簿

当法人の令和○○年○○月○○日現在の役員は，以下のとおりです。

資　格	氏　名	住　所	変更年月日
代表理事	○○○○	○県○市○町○丁目○番○号	令和○年○月○日就任
理事	○○○○	○県○市○町○丁目○番○号	令和○年○月○日就任
理事	○○○○	○県○市○町○丁目○番○号	令和○年○月○日就任
監事	○○○○	○県○市○町○丁目○番○号	令和○年○月○日就任

　　　　組合の住所及び名称　　　　○県○市○町○丁目○番○号
　　　　　　　　　　　　　　　　　○○労働者協同組合
　　　　組合を代表する理事の氏名　代表理事　○○○○

※役員関係の届出書式は，特に公表されていません。行政庁が書式例を公表する可能性もありますので，その場合は，その書式をご利用ください。

3．変更登記

　登記事項に変更が生じたときは，2週間以内に，その主たる事務所の所在地において，変更の登記をしなければなりません。ただし，払い込んだ出資の総額または出資の総口数の変更の登記は，毎事業年度の末日現在により，当該末日から4週間以内にすれば足りるとされています（組登令3条）。

⑴　目的および業務，名称，存続期間，解散の事由，公告方法，出資の払込み方法の変更

　目的および業務，名称，存続期間，解散の事由，公告方法，出資の払込み方法の変更は，定款の変更行為です。定款の変更は，総会（総代会を設けた場合は総代会）の特別の議決により行います（労協法63条1項，65条1号，71条）。

　これらの登記事項に変更があった場合は，登記を申請しなければなりません。この場合の登記申請の内容ですが，名称の変更の場合を例にすると，登記の事由と登記すべき事項のサンプルは以下のとおりです。

登記の事由　　　名称の変更 登記すべき事項　別紙のとおり

【別紙の記載例】

「名称」労働者協同組合◇◇ 「原因年月日」令和○○年○○月○○日変更

　添付書面は，定款の変更を決議した総会（総代会を設けた場合は総代会）の議事録です。代理人により申請する場合は，委任状も添付書面となります。
　また，総会議事録の議案部分のサンプルは，以下のとおりです。

第1号議案　定款一部（名称）変更の件
　議長は，当組合の名称を変更する必要があり，当組合の定款第2条を下記のとおりに変更したい旨及びその理由を詳細に説明し，その賛否を議場に諮ったところ，満場一致をもってこれに賛成した。よって，議長は，下記のとおり定款を一部変更することが可決された旨を宣した。
記

変更前	変更後
（名称） 第2条　本組合は，<u>○○労働者協同組合</u>と称する。	（名称） 第2条　本組合は，<u>労働者協同組合◇◇</u>と称する。

下線部が変更部分である。

　なお，定款を変更した場合には，監督庁である都道府県知事宛に届出が必要です。書式のサンプルは以下のとおりです。

令和○○年○○月○○日
・・・・・都道府県知事殿

　　　組合の住所及び名称　　　○県○市○町○丁目○番○号
　　　　　　　　　　　　　　　○○労働者協同組合
　　　組合を代表する理事の氏名　代表理事　○○○○
　　　　　　労働者協同組合定款変更届書
　労働者協同組合法第63条第3項の規定により労働者協同組合の定款の変更を別紙の変更理由書その他の必要書類を添えて届け出ます。

　なお，この届出書には，次の書類を添えて提出しなければなりません（労施規67条）。

> ア．変更理由書
> イ．定款中の変更しようとする箇所を記載した書面
> ウ．定款の変更を議決した総会または総代会の議事録またはその謄本

　また，定款の変更が事業計画または収支予算に係るものであるときは，前記の書類のほか，定款変更後の事業計画書または収支予算書を提出しなければなりません（労施規67条2項）。

(2)　事務所の所在場所の変更（主たる事務所の移転）

　主たる事務所の移転は，所在地である最小行政区画が変更となる場合には，定款の変更手続（総会（総代会を設けている場合には総代会）の特別の議決）を経たうえで，理事会の決議により，移転の時期および具体的所在場所を定めることによって行います。

　なお，主たる事務所として，定款に具体的所在場所まで定めている場合には，最小行政区画が変更にならない場合であっても，その定款の変更手続が必要なことに，注意が必要です。

　理事会の決議について議事録のサンプル（議案のみ）は以下のとおりです。

> 議案　　主たる事務所の移転の件
> 　議長は，当組合の主たる事務所を次のとおり移転したい旨を述べ，その理由を詳細に説明した。
> 　議長がその賛否を議場に諮ったところ，満場異議なくこれに賛成した。
> 　よって，議長は，次のとおり主たる事務所を移転することが可決された旨を宣した。
> 　　　主たる事務所移転先　△県△市△町△丁目△番△号
> 　　　移　転　年　月　日　令和○○年○○月○○日

　登記手続については，場合分けして説明いたします。

① 同一管轄内の移転

登記の事由と登記すべき事項のサンプルは以下のとおりです。

```
登記の事由        主たる事務所の移転
登記すべき事項   別紙のとおり
```

【別紙の記載例】

```
「主たる事務所」△県△市△町△丁目△番△号
「原因年月日」令和○○年○○月○○日移転
```

　添付書面は，事務所の移転を決議した理事会議事録のほか，定款変更が必要な場合は，定款変更を決議した総会（総代会）議事録です。

　代理人により申請する場合は，委任状が必要です。

② 異なる管轄への移転

　異なる法務局の管轄区域内に移転した場合は，旧所在地においては，移転の登記をし，新所在地においては，設立の際と同様の登記事項を登記しなければなりません。これらの申請書は，旧所在地管轄の法務局宛，新所在地管轄の法務局宛の２通の申請書を，旧所在地管轄の法務局に提出します。

　なお，新所在地宛の申請書の登記すべき事項については，登記事項をすべて記載する必要はなく，主たる事務所移転の旨を記載すれば足ります。登記の事由と登記すべき事項のサンプルは，以下のとおりです。

ア．旧所在地管轄の法務局宛

```
登記の事由        主たる事務所の移転
登記すべき事項   別紙のとおり
```

【別紙の記載例】

```
「登記記録に関する事項」
```

令和○○年○○月○○日△県△市△町△丁目△番△号に主たる事務所移転

イ．新所在地管轄の法務局宛

登記の事由　　　主たる事務所の移転
登記すべき事項　別紙のとおり

【別紙の記載例】

「登記記録に関する事項」
令和○○年○○月○○日○県○市○町○丁目○番○号から主たる事務所移転

　添付書面は，定款変更を決議した総会（総代会）議事録と，事務所の移転を決議した理事会議事録です。代理人により申請する場合は，委任状が必要です。新所在地管轄の法務局に印鑑を提出する場合（新所在地管轄の法務局宛の申請書に押印，委任状を書面で作成し，押印する場合）は，新所在地管轄の法務局宛の申請書とあわせて，原則どおりに，印鑑届を提出する必要があります。この場合に，旧所在地管轄の法務局に印鑑を提出していて，新所在地でも同じ印鑑を提出する場合（印鑑に変更がない場合）であっても，新所在地管轄の法務局の申請書とあわせて，印鑑届を提出する必要がありますが，この場合には，代表理事の個人の（市区町村長の作成した）印鑑証明書の添付は不要で，代表理事の個人実印での押印も不要です。

　なお，定款の変更を伴う場合は，①に記載した，行政庁である都道府県知事宛の定款の変更の届出が必要です。

　さらに，異なる都道府県に移転する場合は，管轄する行政庁が変更になりますので，その関係の届出が必要です。この届出については，本書執筆時点では，法令に規定されておらず，厚生労働省お問合せフォームに確認したところ，厚生労働省では書式を作成する予定はないようです。各行政庁で対応することになると思われますので，主たる事務所を異なる都道府県に移転する場合は，必要な手続を行政庁にご確認ください。

(3) 代表権を有する者の変更

　労働者協同組合は，代表理事の氏名，住所および資格を登記しなければなりません。これらに変更があったときは，変更の登記をする必要があります。

① 代表理事の住所の変更

　代表理事が，転居等のため，住所が変更になることもあります。そうした場合は，その変更の登記を申請する必要があります。

　登記の事由と登記すべき事項のサンプルは以下のとおりです。

登記の事由　　　　代表理事の住所変更 登記すべき事項　　別紙のとおり

【別紙の記載例】

「役員に関する事項」 「資格」代表理事 「住所」△県△市△町△丁目△番△号 「氏名」○○○○ 「原因年月日」令和○○年○○月○○日住所移転

　添付書面は，代理人により申請する場合は，委任状が必要となりますが，それ以外の添付書面は不要です。なお，委任状には，委任する内容として，申請内容（移転日，移転先の住所）を記載する必要があります。

　なお，住所や氏名が変更になった代表理事が印鑑提出している場合でも，あらためて印鑑を提出し直す必要はありません。

② 代表理事の変更

　代表理事が退任したり，あらたに選任されたときは，その登記をする必要があります。

　以下は，役員全員の任期が通常総会の終結時に満了するので，その後任の役員を選挙し，その後の理事会で，代表理事を選定した場合の申請書記載例です。

> 登記の事由　　　代表理事の変更
> 登記すべき事項　別紙のとおり

【別紙の記載例（重任の場合）】

> 「役員に関する事項」
> 「資格」代表理事
> 「住所」△県△市△町△丁目△番△号
> 「氏名」○○○○
> 「原因年月日」令和○○年○○月○○日重任

【別紙の記載例（代表理事が変更になる場合）】

> 「役員に関する事項」
> 「資格」代表理事
> 「住所」△県△市△町△丁目△番△号
> 「氏名」○○○○
> 「原因年月日」令和○○年○○月○○日退任
> 「役員に関する事項」
> 「資格」代表理事
> 「住所」□県□市□町□丁目□番□号
> 「氏名」□□□□
> 「原因年月日」令和○○年○○月○○日就任

添付書面

　・定款

　　（代表理事が，任期満了により退任したことを明らかにするために添付します。なお，設立時の理事については，創立総会議事録の添付が必要とな

ります。ただし，任期が満了したことが，後任理事選任に関する総会議事録等で明らかである場合は，当該議事録等をもって足りるため，添付は不要です）
・退任代表理事の理事就任の時期を証する書面
（設立後に就任した代表理事が退任した場合に必要となります。ただし，定款同様，任期が満了したことが，後任理事選任に関する総会議事録等で明らかである場合は，添付は不要です）
・総会議事録（または総代会議事録）
代表理事に就任した者が理事に選出されたことを証するために添付します（理事の選出を，総会において，「選任」の方法により行った場合は，定款の定めが必要であるため（労協法32条12項），定款の添付が必要となります。また，総代会議事録を添付する場合も，定款の定めが必要であるため（労協法71条1項），定款の添付が必要となります）
・理事会議事録
代表理事に就任した者が代表理事に選定されたことを証するために添付します。理事が，書面または電磁的方法により議決に加わっている場合（労協法40条3項）や，理事会の決議を，会議体ではなく，決議の省略の方法（労協法40条4項）で行った場合は，定款の定めが必要であるため，定款の添付が必要となります。
・市区町村長の作成した印鑑証明書
代表理事の選定に係る理事会議事録に押印した理事および監事全員の印鑑につき，添付が必要です。ただし，当該議事録に，変更前の代表理事が，法務局に提出している印鑑と同一のものを押印しているときは，これらの印鑑証明書は，不要です（法登規5条，商登規61条6項）。
・就任承諾書
代表理事の，理事および代表理事就任についての就任承諾書を添付します。ただし，総会または理事会の席上で，候補者が就任を承諾し，議事録にその旨が記載されている場合には，「就任承諾書は，議事録の記載を援用す

る。」と記載すれば足ります。

・委任状

代理人に申請を依頼した場合に，添付が必要となります。

【総会議事録の議案のサンプル（選挙による方法で選出した場合）】

○号議案 理事及び監事の選挙の件

議長は，定款の規定に基づき，本総会の終結の時をもって，理事及び監事の全員の任期が満了するため，理事3名及監事1名の選挙を行う必要があることを説明し，定款の規定により単記式無記名投票選挙の方法で行う旨を告げ，直ちに選挙に入った。なお，役員の立候補者は，次のとおりである。

理　事 ○○○○　　○○○○　　○○○○　　○○○○
監　事 ○○○○　　○○○○

以上の候補者を発表の上，投票用紙を配布して投票を行った結果，得票数の順序に従って理事3名，監事1名を選出した。

当選した者は，次のとおりである。

理事当選者 ○県○市○町○丁目○番○号　　　○○○○
　　　　　　○県○市○町○丁目○番○号　　　○○○○
　　　　　　○県○市○町○丁目○番○号　　　○○○○
監事当選者 ○県○市○町○丁目○番○号　　　○○○○

以上の者がそれぞれ当選し，当選者は，全員席上で就任を承諾した。

【理事会議事録の議案のサンプル】

第○号議案 代表理事の選定の件

議長は，本理事会に先立ち開催された総会において，役員の改選が行われたため，改選後の代表理事を選定する必要があり，代表理事を1名選定したい旨を述べ，議場に諮ったところ，満場一致により，次のとおり決定した。

なお，被選定者は，即時就任を承諾した。

代表理事 ○県○市○町○丁目○番○号 ○○ ○○

106

なお，役員に変更があった場合には，所轄庁に届出が必要です。書式のサンプルは以下のとおりです。

　　　　　　　　　　　　　　　　　　　　令和○○年○○月○○日

・・・・・都道府県知事殿

　　　組合の住所及び名称　　　　　○県○市○町○丁目○番○号
　　　　　　　　　　　　　　　　　○○労働者協同組合
　　　組合を代表する理事の氏名　代表理事　○○○○
　　　　　　　　　労働者協同組合役員変更届書
　　労働者協同組合法第33条の規定により労働者協同組合の役員の変更を別紙の変更した事項を記載した書面その他の必要書類を添えて届け出ます。

(参考書式)

役　員　名　簿

当法人の令和○○年○○月○○日現在の役員は，以下のとおりです。

資　格	氏　名	住　所	変更年月日
代表理事	○○○○	○県○市○町○丁目○番○号	令和○年○月○日退任 (任期満了による)
代表理事	□□□□	□県□市□町□丁目□番□号	令和○年○月○日就任 (新規就任)
理事	○○○○	○県○市○町○丁目○番○号	令和○年○月○日重任 (任期満了に伴う再任)
理事	○○○○	○県○市○町○丁目○番○号	令和○年○月○日重任 (任期満了に伴う再任)
監事	○○○○	○県○市○町○丁目○番○号	令和○年○月○日重任 (任期満了に伴う再任)

　　　組合の住所及び名称　　　　△県△市△町△丁目△番△号
　　　　　　　　　　　　　　　　労働者協同組合△△
　　　組合を代表する理事の氏名　代表理事　□□□□

※役員関係の届出書式については，行政庁が書式例を公表する可能性もありますので，その場合は，その書式をご利用ください。

　また，この届出が役員の選挙または選任による変更に係るものであるときは，通常総会または通常総代会において新たな役員を選挙し，または選任した場合を除き，新たな役員を選挙し，もしくは選任した総会もしくは総代会または選任した理事会の議事録またはその謄本を提出しなければなりません（労施規7条）。

⑷　出資1口の金額の変更

　出資1口の金額は，均一でなければならず（労協法9条2項），定款の絶対的記載事項となっています（労協法29条1項7号）。そのため，これを変更するには，定款の変更をする必要があります。

　なお，出資1口の金額の変更には，金額を増加する場合と，減少する場合がありますので，場合分けして説明いたします。

①　出資1口の金額を増加する場合

　出資1口の金額を増加するには，前記のとおり，定款の変更が必要となります。しかし，この行為を行うと，各組合員に対し，追加出資の義務を負わせることになります。そのため，出資1口の金額の増加のための定款の変更は，総会の特別の議決（労協法65条）では足りず，組合員全員の同意が必要だと考えられます[46]。

　なお，出資1口の金額を増加する方法として，各組合員の出資口数に端数を生じないときは，総会の特別の議決により，出資口数の併合の方法により行うことも可能であると考えられます[47]。

②　出資1口の金額を減少する場合

　出資1口の金額を減少する場合は，総会の特別の議決により，定款の変更を

---

[46]　信用協同組合についての先例（昭和31年3月27日民事甲635号）
[47]　農業協同組合についての先例（昭和38年7月15日民事甲1020号）

行う必要があります。それに加え，債権者保護のための異議申立手続が必要となります。その債権者保護手続は，「出資1口の金額を減少する旨」および「債権者が一定の期間内に異議を述べることができる旨」を官報に公告し，かつ，知れている債権者には，各別にこれを催告しなければなりません。ただし，公告を，官報のほか，定款の公告方法（時事に関する事項を掲載する日刊新聞紙に掲載する方法または電子公告）により行う場合は，各別の催告は省略することができます。

　債権者が異議を述べることができる期間は，1月を下ることができません。債権者が，この期間内に異議を述べなかったときは，当該債権者は，出資1口の金額の減少について，承認したものとみなされます。

　債権者が異議を述べた場合は，労働者協同組合は，当該債権者に対し，弁済し，もしくは，相当の担保を提供し，または当該債権者に弁済を受けさせることを目的として，信託会社等に相当の財産を信託しなければなりません。ただし，出資1口の金額を減少しても，当該債権者を害するおそれがないときは，弁済等は不要です。

　債権者保護手続のための公告と催告の案文のサンプルは以下のとおりです。

出資1口の金額の減少公告

　当組合は，出資1口の金額を◯万円から◯万円に減少することにいたしました。

　この決定に対し異議のある債権者は，本公告掲載の翌日から1箇月以内にお申し出ください。

　令和◯◯年◯◯月◯◯日

　　　　　　　　　△県△市△町△丁目△番△号

　　　　　　　　　労働者協同組合◇◇

　　　　　　　　　代表理事　　　◯◯◯◯

```
                    催　告　書

                              令和○○年○○月○○日
  債 権 者 各 位
                    △県△市△町△丁目△番△号
                    労働者協同組合◇◇
                    代表理事　○○○○
  拝啓　時下ますますご清栄のこととお慶び申し上げます。
  さて，当組合は，令出資1口の金額を○万円から○万円に減少することにいた
しました。
  つきましては，この決定に対して異議がございましたら，令和○○年○○月○
○日までにお申し出くださいますよう，法律の規定に基づき催告いたします。
```

　登記の事由と登記すべき事項のサンプルは以下のとおりです。

```
  登記の事由　　　出資1口の金額の変更
  登記すべき事項　別紙のとおり
```

【別紙の記載例】

```
  「出資1口の金額」金○○円
  「原因年月日」令和○○年○○月○○日変更
```

添付書面

　・総会議事録（定款変更に関する総会の議事録）

　・出資1口の金額増加についての組合員全員の同意書

　　出資1口の金額の増加の場合に添付する。ただし，組合員全員が総会に出

　　席し，満場一致で，定款変更の決議をした場合には，総会議事録を添付す

れば足りる[48]。
・公告および催告をしたことを証する書面
　出資1口の金額の減少の場合に添付する。
・債務弁済証書，担保提供書，信託証書等
　公告および催告をした場合に，異議を述べた債権者がいた場合に添付する。
　異議を述べた債権者がいた場合でも，債権者を害するおそれがない場合は，
　その旨の上申書を添付し，異議を述べた債権者がいない場合は，その旨の
　上申書を添付する。
・委任状

　なお，出資1口の金額は，定款の記載事項ですから，変更があった場合は，
行政庁への届出が必要となります。この届出の書式等については，**第3章I**
3．(1)をご参照ください。
　この届出書には，通常の定款変更の際に添付が必要となる書類のほか，労働
者協同組合法第72条第1項の規定により作成した財産目録および貸借対照表な
らびに第73条第2項の規定による公告および催告（労協法73条3項の規定によ
り公告を官報のほか，定款の定めに従い時事に関する事項を掲載する日刊新聞
誌または電子公告によってした場合にあっては，これらの方法による公告）を
したことならびに異議を述べた債権者があったときは，第73条第5項の規定に
よる弁済もしくは担保の提供もしくは財産の信託をしたことまたは出資1口の
金額の減少をしてもその債権者を害するおそれがないことを証する書面を提出
しなければなりません（労施規67条3項）。
　なお，参考までに，催告したことを証する書面のサンプルを以下に示します。

48　書式精義233頁

催告したことを証する書面

　当組合は，効力発生日を令和○○年○○月○○日とする出資１口の金額の減少の件について，労働者協同組合法第73条の規定により別紙のとおり知れている債権者全員に対し各別に催告したことを証明します。
　　　　　　　令和○○年○○月○○日
　　　　　　　　　△県△市△町△丁目△番△号
　　　　　　　　　労働者協同組合◇◇
　　　　　　　　　代表理事　　○○○○

　この書面に，催告書のサンプルと催告先のリストを合綴します。

　また，異議を述べた債権者がいない場合の上申書のサンプルは次のとおりです。

証　明　書

　当組合は，効力発生日を令和○○年○○月○○日とする出資１口の金額の減少の件について，労働者協同組合法第73条の規定により債権者に対し公告及び催告をしましたが，所定の期間内に異議を述べた者はありませんでした。
　　　令和○○年○○月○○日
　　　　　　　　　△県△市△町△丁目△番△号
　　　　　　　　　労働者協同組合◇◇
　　　　　　　　　代表理事　　○○○○

⑸　出資の総口数および払込済出資総額の変更

　労働者協同組合は，その性質上，組合員の加入および脱退が自由であるのが原則です。こうした加入・脱退により，出資の総口数と払込済出資総額は変動します。また，組合員が出資口数を増加する場合等も変動することになります。

この出資の総口数と払込済出資総額の変更は，変更があった都度，登記することも可能ですが，毎事業年度末日現在により，当該末日から4週間以内にすれば足りるものとされています（組登令3条3項）。

　登記の事由と登記すべき事項のサンプルは以下のとおりです。

> 登記の事由　　　出資の総口数と払込済出資総額の変更
> 登記すべき事項　別紙のとおり

【別紙の記載例】

> 「出資総口数」○○口
> 「原因年月日」令和○○年○○月○○日変更
> 「払込済出資総額」金○○万円
> 「原因年月日」令和○○年○○月○○日変更

添付書面

・変更を証する監事の証明書
・委任状（代理人に申請を依頼した場合に，添付が必要となります）

【監事の証明書のサンプル】

> ### 証　明　書
>
> 　当組合の事業年度末日である令和○○年○○月○○日現在における出資の総口数及び払込済出資総額は，次のとおりであることを証明する。
> 　1．出資の総口数　○○口
> 　1．払込済出資総額金　金○○万円
> 　　　　　　令和○○年○○月○○日
> 　　　　　　　　△県△市△町△丁目△番△号
> 　　　　　　　　労働者協同組合◇◇
> 　　　　　　　　監事　　○○○○

Ⅱ 解散・清算

1. 解 散

　解散とは，法人の法人格の消滅を生じさせる原因となる事実です。ただし，合併（消滅法人の場合）により解散した場合を除き，解散により法人格が直ちに消滅するわけではありません。清算が結了するまでは，労働者協同組合は存続するものとみなされます（労協法94条，会645条）。

(1) 解散の事由

　労働者協同組合は，次の事由によって解散します（労協法80条1項）。

> ア．総会の決議
> イ．組合の合併（合併により消滅する場合に限る）
> ウ．破産手続開始の決定
> エ．存続期間の満了・解散事由の発生
> オ．行政庁による解散命令（労協法127条）

　アの総会の決議は，総会の特別の議決（労協法65条2号）によります。総代会を設けている労働者協同組合においても，総代会の決議によることはできず，総会の決議が必要であることに注意が必要です。
　なお，前記の事由により解散するほか，組合員が3人未満となり，その状態が6カ月継続した場合にも，その6カ月を経過した時に解散するものとされています（労協法80条2項）。

【参考：6カ月の計算方法】

組合員が3人未満となり，その状態が6カ月を経過した時に，その労働者協同組合は解散することになります。この6カ月の具体的な計算方法は，民法の計算方法（民138条以下）が適用されます。具体例をもって説明すると，次のようになります。

1月15日に組合員の1人が死亡し，労働者協同組合の組合員が2名となりました。組合員を増員しない場合，この組合は解散することになります。

この場合，初日である1月15日は期間計算に算入せず，1月16日から6カ月を計算します。そうすると，7月15日の24時で，6カ月となります。この6カ月を経過した7月16日の0時にこの労働者協同組合は解散することになります。

よって，この場合の解散日は7月16日となります。なお，期間満了日の7月15日が休日であった場合がどうなるかは，悩ましい点です。民法第142条では，期間の末日が日曜日や祝日等の休日である場合には，その日に取引をしない慣習がある場合に限り，期間は，その翌日に満了するとされているからです。そうすると，労働者協同組合が，休日に営業していない場合には，組合員も加入することができないことになりますから，その休日には期間は満了せず，その翌日に満了することになると考えられます。

この点について，本書執筆時点において，厚生労働省のお問合せフォームに問い合わせたところ，この考え方で問題ないとの回答をいただいております。ただし，登記を申請した場合に，法務局が同様の見解をとり，そのとおりに受理するかどうかは不明です。実際に，こうした状況となった場合は，事前に，法務局にも確認したうえで手続することをお勧めします。

(2) 休眠組合

労働者協同組合であって，当該組合に関する登記が最後にあった日から5年を経過したものを，休眠組合といいます（労協法81条）。

休眠組合については，行政庁が，事業を廃止していない場合は，2カ月以内

にその旨を届出すべき旨を官報に公告します。さらに，この公告をしたときは，行政庁は，休眠組合に対し，公告をした旨を通知します。休眠組合が事業を廃止していない旨の届出をしない場合は，その2カ月の期間の満了の時に，解散したものとみなされます。ただし，届出をしない場合でも，この2カ月の期間内に，休眠組合に関する登記がなされたときは，解散したものとはみなされません（労協法81条）。

　労働者協組合は，役員に任期があり，一定期間ごとに法務局に対する登記手続を行う必要があります。この義務を履行せず，5年が経過しているということは，事業を行っていない可能性もあります。事業を行っていないにもかかわらず，法人格が付与されている状態だと，その法人格が悪用される可能性もあります。それを防ぐためのものだといえるでしょう。労働者協同組合は，設立にあたって，準則主義が採用されており，設立をすることが容易です。しかし，容易であることが，逆に，そうした休眠組合が生ずる可能性を高める要因ともいえます。この制度はそうした弊害を防止する趣旨だといえます[49]。

　なお，届出をする場合は，次の事項を書面に記載し，行政庁に提出する必要があります（労施規71条）。

ア．当該組合または連合会の名称および主たる事務所ならびに代表理事の氏名および住所
イ．代理人によって届出をするときは，その氏名および住所
ウ．まだ事業を廃止していない旨
エ．届出の年月日

　代理人によって届出をする場合には，委任状を添付する必要があります。

　ただし，行政庁が行う休眠組合に対する通知の書面には，届出のための内容（書式）も含まれていますので，万が一，休眠組合となってしまった場合に，届出を行う場合には，その書式を利用することにより行うと便利だと思われます。

---

[49]　衆議院法制局第五部一課「法令解説　労働者協同組合法の制定」（「時の法令」No.2122，34頁以下）

(3) 解散の登記

　労働者協同組合が解散したときは，合併および破産手続開始の決定による解散の場合を除き，2週間以内に，その主たる事務所の所在地において，解散の登記をしなければなりません（組登令7条）。合併による場合は，合併の登記手続を行うことになります。破産手続開始の決定による場合は，裁判所書記官が，その登記の嘱託を行います（破産法257条）。

　休眠組合が所定の手続を経て，解散したものとみなされた場合，この登記は，行政庁が休眠組合の所在地を管轄する法務局に登記を嘱託します（組登令14条3項）。また，行政庁による解散命令の場合も，行政庁が解散の登記を嘱託することになります（組登令14条4項）。

　解散の登記を申請する場合，清算人の就任の登記と合わせて行うことが一般的だと思いますので，その記載例を掲げます。清算人についての説明は後記します。

```
登記の事由　　　　解散及び清算人の就任
登記すべき事項　　別紙のとおり
```

【別紙の記載例】

```
「解散」令和○○年○○月○○日総会の決議により解散（※）
「役員に関する事項」
「資格」代表清算人
「住所」○県○市○町○丁目○番○号
「氏名」○○○○
「原因年月日」令和○○年○○月○○日就任
```

※存続期間の満了の場合は，存続期間の満了日の翌日を原因日付として[50]，「令和○○年○○月○○日存続期間の満了により解散」とし，解散事由の発生による場合は，「令和○○年○○月○○日定款所定の解散事由の発生により解散」とします。組合

員が3人未満となり，その状態が6カ月継続した場合は，「○年○月○日組合員の減少により解散」とします。

解散の登記の申請書には，解散の事由の発生を証する書面を添付しなければなりません（組登令19条）。具体的な添付書面は，その事由ごとに，次のとおりです。なお，代理人により申請する場合は，以下に加え，委任状が必要となります。

ア．総会の決議のよる解散の場合
　　総会議事録
イ．存続期間の満了の場合
　　存続期間は登記簿に記載されており，それにより存続期間が満了したことが明らかになるため，添付書類は不要です。
ウ．定款に定めた解散事由の発生の場合
　　登記簿のみによりその解散事由が発生したことが明らかである場合には，解散事由を証する書面の添付は必要ありませんが，そうでない場合には，その事由が発生したことを証する書面の添付が必要となります。具体的な添付書面は，その事由によることになります。
エ．組合員が3人未満となり，その状態が6カ月継続した場合
　　組合員の減少を証する監事の証明書または組合員名簿を添付します。

なお，この他に清算人関係の書面が必要となります。清算人が法定清算人である場合には特段不要ですが，それ以外である場合には，代表清算人の資格を証する書面として，清算人への就任および代表清算人への就任関係の書面を添付する必要があります。清算人を総会で選任した場合には，総会議事録，清算人会議事録，代表清算人が清算人および代表清算人に就任承諾したことを証する書面です。なお，清算人についての解説は，後記2．(2)をご参照ください。

50　存続期間の満了日の翌日ではなく，存続期間の満了日を原因年月日とすべきだという有力な見解もありますが（360問371頁），登記実務上は，存続期間の満了日の翌日と扱われています。

(4) 解散の届出

　労働者協同組合が解散した場合（合併により組合が消滅する場合，破産手続開始の決定による場合，行政庁による解散命令による場合を除く），解散の日から2週間以内に，その旨を行政庁に届け出なければなりません。

　届出書のサンプルは以下のとおりです。

令和○○年○○月○○日

・・・・・都道府県知事殿

　　　　　組合の住所及び名称　　　　○県○市○町○丁目○番○号
　　　　　　　　　　　　　　　　　　○○労働者協同組合
　　　　　組合を代表する清算人の氏名　代表清算人○○○○
　　　　　　　　労働者協同組合解散届書

　下記のとおり労働者協同組合法第80条第3項の規定により労働者協同組合の解散を届け出ます。

記

1　成立の年月日　　　　　令和○○年○○月○○日
2　解散の年月日　　　　　令和○○年○○月○○日
3　解散の理由　　　　　　総会の決議による
4　清算人の住所及び氏名　○県○市○町○丁目○番○号
　　　　　　　　　　　　　代表清算人　○○○○
　　　　　　　　　　　　　○県○市○町○丁目○番○号
　　　　　　　　　　　　　清　算　人　○○○○
　　　　　　　　　　　　　○県○市○町○丁目○番○号
　　　　　　　　　　　　　清　算　人　○○○○
5　その他参考となるべき事項
　　　　　　　　　　　　　清算人は，当労働者協同組合の解散時に在任してい
　　　　　　　　　　　　　た理事が，労働者協同組合法93条の規定により清算
　　　　　　　　　　　　　人となりました。

2. 清　算

　解散した労働者協同組合（合併により組合が消滅する場合および破産手続開始の決定による場合であって，当該破産手続が終了していない場合を除く）は，清算をしなければなりません。

　清算とは，法人の法人格の消滅前に，法人の現務を結了し，債権を取り立て，債権者に対し債務を弁済し，残余財産を処分する等の手続のことです。労働者協同組合の組合員の責任は，その出資額を限度としており（労協法9条5項），法人の資産だけが法人債権者への責任財産となる関係上，清算は厳格な手続により行う必要があるため，その手続が法定されています[51]。

(1)　清算をする労働者協同組合の能力

　清算をする労働者協同組合（以下，「清算労働者協同組合」という）は，清算の目的の範囲内において，清算が結了するまではなお存続するものとみなされます。

　よって，清算労働者協同組合の権利能力は，清算の目的の範囲内に縮減され，営業取引をする能力を有しません。ただし，清算の目的である現務の結了のための行為（商品の売却や仕入れ等）については行うことができるものと解釈されています[52]。

(2)　清算人

　労働者協同組合の理事は，労働者協同組合が解散するとその地位を失い，清算労働者協同組合の業務を執行する機関として，清算人が置かれます。なお，清算人については，労働者協同組合法第36条が準用されていませんので，理事

---

[51]　江頭・会社法1047頁
[52]　江頭・会社法1048頁

と異なり，法定の任期はありません。

① 清算人の資格

次に掲げるものは，清算人となることができません（労協法94条，35条）。

> ア．法人
> イ．心身の故障のため職務を適正に執行することができないものとして厚生労
> 　　働省で定める者
> ウ．労働者協同組合法，会社法もしくは，一般社団法人および一般財団法人に
> 　　関する法律の規定もしくは，暴力団員による不当な行為の防止等に関する法
> 　　律の規定に違反し，または，民事再生法の一定の罪，破産法の一定の罪，も
> 　　しくは刑法の一定の罪，もしくは，暴力行為等処罰に関する法律の罪を犯し，
> 　　刑に処せられ，その執行を終わり，またはその執行を受けることがなくなっ
> 　　た日から2年を経過しない者
> エ．ウ以外の法令の規定に違反し，禁錮以上の刑に処せられ，その執行を終わ
> 　　るまでまたはその執行を受けることがなくなるまでの者（執行猶予中の者を
> 　　除く）
> オ．暴力団の構成員等

なお，労働者協同組合法32条4項が準用されていないため，清算人について
は，組合員以外の者が就任することが可能です。

② 清算人の就任

労働者協同組合が解散したときは，合併および破産手続開始の決定による解
散の場合を除いては，理事がその清算人となります。ただし，総会において他
人を選任したときは，この限りでないとされています（労協法93条）。「選任」
となっており，選挙とはされていないことに，注意が必要です。役員と異なり，
選挙ではなく，総会での選任による方法によります。なお，「選挙」と「選任」
の違いについては**第2章Ⅲ1．(3)**を参照願います。

　また，この規定により清算人となる者がないときは，裁判所は，利害関係人の申し立てにより，清算人を選任します（労協法94条，会478条2項）。

　このうち，理事が清算人になるというのは，いわゆる法定清算人の規定です。総会において他人を選任したときは，この限りでないという規定は，総会において他人を清算人に選任した場合は，理事は，法定清算人としての義務を免れるという意味です。

　この「他人を選任したとき」というのは，労働者協同組合が解散したときに理事であった者以外の者を選任したときはもちろん，当該理事の一部または全部を清算人に選任した場合も含まれるものと考えられます。

　なお，清算労働者協同組合と清算人との関係は，委任に関する規定に従うものとされています（労協法34条）。そのため，法定清算人であれ，選任された清算人であれ，いったん就任した清算人が，辞任することは可能であるとも考えられます。しかし，法定清算人は辞任できないという見解があり[53]，注意が必要です。その理由としては，法定清算人となる役員は，清算人になる権利を有すると同時に，清算人として清算事務を遂行する義務を負うためだとされ[54]，「法定清算人については，委任の解除に関する民法651条の適用は排除され」るとしています。

　これに関連する旧民法法人に関する裁判例[55]があります。財団法人が解散し，理事が法定清算人となり，その後，清算人が選任され，その後，就任したその唯一の清算人が死亡した事例です。その裁判例の理由中では，「乙（裁判例では実名で記載されています）を清算人に選任する旨の前記決議は，各理事が解散の結果有することになった清算人としての権限を内部的に制限する効果を持つにすぎないものと解するのを相当とし，前記のように乙が死亡したことにより，右制限は解除されて，各理事が清算人としての権限を行使しうるようになったものというべきである」としています。この裁判例は，解散したときは，

53　松井・ハンドブック734頁
54　会社法コンメンタール15　164頁
55　東京高判昭和48年4月7日

解散時の理事は清算人となり，他人を清算人に選任した場合であっても，清算人としての権限が内部的に制限されているにすぎず，清算人であることには変わりがないと解釈しているのだと思われます。

　これらの見解を前提にすると，解散時の理事がABCDの４人であった場合に，解散を決議する総会で，ABCの３人を清算人に定めた場合，その意味は，ABCを清算人にするという意味のほかに，Dの清算人としての権限を制限するという意味も含まれているということかもしれません。

　ただし，労働者協同組合法94条では，役員に欠員が生じた場合に，法律の定め，または，定款で定めた清算人の員数が欠けた場合に，辞任等により退任した役員は役員としての権利義務を有する旨を規定する労働者協同組合法第37条を清算人に準用しており，清算労働者協同組合の法定清算人については，前記の解釈が適用されないという考え方もあり得るでしょう。登記実務がどのように運用されるかは，本書執筆時点でははっきりしませんので，実際に法定清算人が辞任するようなケースは，事前に法務局等へ照会することが望ましいと考えます。

③　清算人の職務

　清算人は，次に掲げる職務を行います（労協法94条，会481条）。

ア．現務の結了
イ．債権の取立ておよび債務の弁済
ウ．残余財産の分配

　アの現務の結了とは，解散前の法人の業務の後始末のことです。ただし，財産の換価のために，事業譲渡等をする予定がある場合は，その事業の価値を維持する必要があることから，営業を継続するものも許されると考えられます[56]。

　イの債権の取立ては，法人が有する債権を回収することで，債務の弁済およ

56　江頭・会社法1055頁

び残余財産の分配の準備行為といえるでしょう。債務の弁済は，法人が債務を
弁済することですが，労働者協同組合は，法人財産だけが責任財産となりますので，清算手続における債務の弁済には一定の手続が必要となります。詳細は，
(5)をご参照ください。

　ウの残余財産の分配は，アとイの行為が終わったあと，残った法人財産の処分です。これについては，(6)をご参照ください。

④　清算人会

　清算労働者協同組合は，清算人会を置かなければなりません。清算人会は，
全ての清算人で組織し，清算労働者協同組合の業務の執行は，清算人が決定します（労協法94条2項，39条）。

　なお，清算労働者協同組合においては，労働者協同組合法32条2項は準用されていませんので，清算人会の設置義務はあっても，清算人は3人以上でなければならないという規定はなく，1名以上で足りるようにも思えますが[57]，登記通達では，清算人は3人以上必要だとされています[58]。

a．清算人会の権限

　清算人会は，清算人の中から，代表清算人の選定を行います（労協法94条2項，42条1項）。また，前記のとおり，労働者協同組合の業務の執行を決定します。清算人会が決定した事項の執行は，清算人会が選定した代表清算人により行われます。代表清算人以外の各清算人は，原則として業務執行権および代表権を有しません。

　なお，清算労働者協同組合の権利能力は，清算の目的の範囲内に縮減されますので，清算人会は，清算の目的の範囲外のことを決定することができないのはもちろん，清算人会の決定により，代表清算人が清算の目的の範囲外の行為をしたときは，その効果は，清算労働者協同組合には帰属しないものと扱われ

---

[57]　登記研究125号45頁
[58]　令和4年9月1日法務省民商第439号第2，3(2)ア

ます[59]。

ｂ．清算人会の招集等

　清算人会は，各清算人が招集することができるのが原則です。ただし，清算人会を招集する清算人を定款または清算人会で定めたときは，その清算人が招集します。

　清算人会を招集すべき清算人（以下，「招集権者」という）を定めた場合に，招集権者以外の清算人は，招集権者に対し，清算人会の目的である事項を示して，清算人会の招集を請求することができます。この請求があった日から５日以内に，請求があった日から２週間以内の日を会日とする清算人会の招集の通知が発せられない場合には，その請求をした清算人は，清算人会を招集することができます（労協法94条２項，40条６項，会366条）。

　清算人会を招集する者は，清算人会の日の１週間前（これを下回る期間を定款で定めた場合にあっては，その期間）前までに，各清算人および監事（組合員監査会を設定している清算労働者協同組合にあっては，各監査会員）に対してその通知を発しなければなりません。ただし，清算人および監事（組合員監査会を置いている清算労働者協同組合にあっては，各監査会員）の全員の同意があるときは，招集の手続を経ることなく開催することができます（労協法94条，40条６項，会368条）。

ｃ．バーチャル清算人会

　労働者協同組合関係法令上，清算人等が，清算人会の会場に来場せず，テレビ会議システム等によって出席することは許容されていると考えられます。議事録に記載すべき内容を定める労働者協同組合法施行規則第11条第３項第１号に，「当該理事会又は清算人会の場所を定めた場合に限り，当該場所に存しない役員もしくは清算人又は組合員もしくは連合会の会員が当該理事会又は清算

人会に出席をした場合における当該出席の方法を含む。」とあるからです。出席したと認められるためには，テレビ会議システム等によって，情報伝達の双方向性と即時性が確保されている必要があります。こうしたテレビ会議システム等の技術を利用して清算人等が出席する清算人会は，一般的にバーチャル清算人会と呼ばれています。このような形で参加した清算人等は，清算人会に出席したものと扱われます。

　また，前記条文に，「当該理事会又は清算人会の場所を定めた場合に限り」とありますから，ハイブリッド型の清算人会はもちろん，開催場所を定めない，バーチャルオンリー型の清算人会も許容されると考えられます。

　バーチャル型の清算人会を開催した場合，テレビ会議システム等を通じて出席した役員等は，清算人会に出席したものと扱われます。清算人会の議事録には，出席清算人等の氏名を記載する必要がありますから，当然ながら，そうした清算人等の氏名の記載も必要ですし，開催場所に存しない清算人等の出席方法の記載も必要となることに注意が必要です。

d. 決　議

　清算人会の決議は，議決に加わることができる清算人の過半数（これを上回る割合を定款または規約で定めた場合にあっては，その割合以上）が出席し，その過半数（これを上回る割合を定款または規約で定めた場合にあっては，その割合以上）をもって行います（労協法94条2項，40条1項）。

　清算人会の決議について，特別の利害関係を有する清算人は，議決に加わることができません。

　なお，定款で定めることにより，清算人が書面または電磁的方法により清算人会の議決に加わることができるものとすることができます。

e. 決議の省略・報告の省略

　清算人会については，労働者協同組合法第94条第2項で同第40条4項および5項を準用していますので，決議の省略および報告の省略の制度が認められて

います。

ⅰ）みなし決議（決議の省略）

清算人が清算人会の決議の目的である事項について提案をした場合において，当該提案につき清算人（当該事項について議決に加わることができる者に限る）の全員が書面または電磁的記録により同意の意思表示をしたとき（監事，組合員監査会が当該提案について異議を述べたときを除く）は，当該提案を可決する旨の清算人会の決議があったものとみなす旨を定款で定めることができます。

ⅱ）報告の省略

清算人または監事（監査会員）が清算人および監事（監査会員）の全員に対して清算人会に報告すべき事項を通知したときは，当該事項を清算人会へ報告することを要しません。定款の定めは不要です。

ｆ．議事録

清算人会の議事については，厚生労働省令で定めるところにより，議事録を作成し，議事録が書面をもって作成されているときは，出席した清算人および監事は，これに署名し，または記名押印しなければなりません。議事録が電磁的記録をもって作成されている場合における当該電磁的記録に記録された事項については，出席した清算人および監事は，厚生労働省令で定める署名または記名押印に代わる措置（一定の要件を備えた電子署名，労施規12条）を取らなければなりません（労協法94条2項，41条1項および2項）。

清算労働者協同組合は，清算人会の日（決議があったものとみなされた日を含む）から10年間，議事録または前記の電磁的記録（決議があったものとみなされた場合は，同意の意思表示に関する書面または電磁的記録も含む）を，その主たる事務所に備え置かなければなりません。組合員および債権者は，業務取扱時間内は，いつでも，議事録の写しの閲覧・謄写等の請求をすることができるものとされています。

議事録の記載事項は，労働者協同組合法施行規則第11条第3項に規定されて

おり，次に掲げる事項を内容とするものでなければなりません。

ア．清算人会が開催された日時および場所（当該清算人会の場所を定めた場合
　　に限り，当該場所に存しない清算人または組合員が当該清算人会に出席をし
　　た場合における当該出席の方法を含む）または方法（当該清算人会の場所を
　　定めなかった場合に限る）

イ．清算人会が，監事等の請求を受けて招集されたもの等一定の場合に該当す
　　るときは，その旨

ウ．清算人会の議事の経過の要領およびその結果

エ．決議を要する事項について特別の利害関係を有する清算人があるときは，
　　当該清算人の氏名

オ．労働者協同組合法第38条第3項等の規定により清算人会において述べら
　　れた意見または発言があるときは，その意見または発言の内容の概要

カ．清算人に出席した清算人，役員または組合員の氏名

キ．清算人会の議長の氏名

　なお，次の場合には，清算人会の議事録は，それぞれの場合に掲げる事項を
内容とする必要があります。

ｉ）**決議の省略の場合**
　ア．清算人会の決議があったものとみなされた事項の内容
　イ．アの事項の提案をした清算人の氏名
　ウ．清算人会の決議があったものとみなされた日
　エ．議事録の作成に係る職務を行った清算人の氏名

ｉｉ）**報告の省略の場合**
　ア．清算人会への報告を要しないものとされた事項の内容
　イ．清算人会への報告を要しないものとされた日
　ウ．議事録の作成に係る職務を行った清算人の氏名

128

⑤ 代表清算人

清算人会は，清算人の中から清算労働者協同組合を代表する清算人，すなわち，代表清算人を選定しなければなりません。

代表清算人は，清算労働者協同組合の業務に関する一切の裁判上または裁判外の行為をする権限を有します（労協法94条2項，42条）。なお，前記のとおり，清算労働者協同組合の権利能力は，清算の目的の範囲内に縮減されますので，代表清算人の権限もその範囲であることに注意が必要です。

代表清算人は，労働者協同組合の登記事項を定める組合等登記令第2条第2項第4号の「代表権を有する者の氏名，住所及び資格」として，登記事項となります[60]。解散前の労働者協同組合において代表理事であった者が清算労働者協同組合の代表清算人に就任することも少なくないと思います。この場合に，代表理事の地位にあった際に法務局に提出していた印鑑があり，それをそのまま使用したいという意向もあると思います。代表権を有する者の変更登記の扱いであり，同一人であり，印鑑も同一であるので，法務局に提出していた印鑑については，そのまま，法務局への届出印として使用できるようにも思えます。しかし，この場合は，あらためて代表清算人として，法務局に印鑑を提出する必要があります。これは，提出者としての資格が変更になるためです。労働者協同組合に適用される各種法人等登規則第5条において，商業登記規則第9条の2第1項を準用しており，労働者協同組合の解散の登記をした場合は，代表理事としての資格を喪失したとして，印鑑記録にその旨が記録されることになり，同じ印鑑を使用する場合であっても，代表清算人の資格で，あらためて印鑑を提出する必要があるからです。

(3) 財産目録等の作成

代表清算人は，その就任後遅滞なく，清算労働者協同組合の財産の現況を調

60　代表清算人以外の清算人は，代表権を有しませんので，登記事項とはなりません。

査し，解散した日における財産目録および貸借対照表を作成し，清算人会の承
認を受けなければなりません。そして，これを総会に提出し，または提供し，
その承認を受けなければなりません（労協法94条1項，会492条1項～3項）。

　財産目録は，解散した日の財産の処分価格（時価）により作成するのが原則
であり（労施規78条2項），貸借対照表はこの財産目録をもとに作成します（労
施規79条2項）。つまり，解散後の貸借対照表は，清算（残余財産の計算）目的
のために，処分価格を中心にして，清算人があらたに作成するのものであり，
解散前の貸借対照表とは継続性がないことに注意が必要です[61]。

　財産目録は，資産，負債，正味資産に区分して表示するものとされており，
資産の部と負債の部は当該資産または負債を示す適当な名称を付して細分する
ことができるとされています（労施規78条3項，4項）。

　貸借対照表は，資産，負債，純資産に区分して表示するものとされており，
資産の部と負債の部は当該資産または負債を示す適当な名称を付して細分する
ことができるものとされています（労施規79条3項，4項）。

　清算労働者協同組合は，各清算事業年度に係る貸借対照表および事務報告書
ならびにこれらの付属明細書を作成しなければなりません。事務報告書は，清
算に関する事務の執行の状況に係る重要な事項をその内容としなければならな
いものとされています（労施規81条）。これらは監事の監査を受け，清算人会で
承認を受けた後，清算人が，貸借対照表および事務報告書は通常総会に提出，
または提供し，その承認を求める必要があります。そして，清算人は，事務報
告書の内容を通常総会に報告しなければならないとされています（労協法94条
2項，51条8項および9項）。

⑷　**債権者に対する公告等**

　清算労働者協同組合は，解散後，遅滞なく，債権者に対し，一定の期間内に

61　税務関係については，異なる考え方をとっているものと思われますので，必要に応じて，税務関
　係の専門家にもご相談いただくようお願いいたします。

その債権を申し出るべき旨を公告し，かつ，知れている債権者には，各別にこれを催告しなければなりません。前記の一定の期間は，2カ月を下ることができません。前記の公告には，債権者がこの期間内に申出をしないときは，清算から除斥される旨を付記しなければなりません（労協法94条，499条）。

　清算労働者協同組合の債権者（知れている債権者を除く）であって，債権の申出をしなかったものは，清算から除斥されることになります。除斥された債権者は，分配がされていない残余財産についてのみ，弁済を請求することができます（労協法94条1項，会503条）。

　なお，株式会社等の場合と異なり，官報によるものとは規定されていないため，定款で定めた公告方法により行います。公告内容のサンプルは，以下のとおりです。

【公告サンプル】

解散公告

　当組合は，令和○○年○○月○○日開催の総会の決議により解散いたしましたので，当組合に債権を有する方は，本公告の掲示の翌日から2か月以内にお申し出下さい。

　なお，上記の期間内にお申し出がないときは清算から除斥します。

　　令和○○年○○月○○日

　　　　　○県○市○町○丁目○番○号

　　　　　　○○労働者協同組合

　　　　　　　代表清算人　○○○○

【催告書サンプル】

債権申出に関する催告書

令和○○年○○月○○日

　債　権　者　各　位

　　　　　　　　○県○市○町○丁目○番○号

　　　　　　　　　　○○労働者協同組合
　　　　　　　　　　代表清算人　○○○○

　拝啓　時下ますますご清栄のこととお慶び申し上げます。
　さて，当組合は，令和○○年○○月○○日開催の総会の決議により解散いたし
ました。
　つきましては，当組合に対し債権を有する方は，令和○○年○○月○○日まで
にお申し出下さるよう，法律の規定に基づき催告いたします。

(5)　債務の弁済の制限

　清算労働者協同組合は，(4)に記載の申出期間内は，債務の弁済をすることが
できません。この場合において，清算労働者協同組合は，債務の不履行によっ
て生じた責任を免れることはできません。
　ただし，この期間内であっても，清算労働者協同組合は，裁判所の許可を得
て，少額の債権，担保権によって担保される債権等，弁済をしても他の債権者
を害するおそれがない債権に係る債務について，弁済をすることができます。
この弁済のための許可の申立ては，清算人の全員の同意によって行わなければ
なりません（労協法94条1項，会500条）。

(6)　残余財産の分配

　労働者協同組合における残余財産の分配についてですが，まず，特定労働者
協同組合の場合から説明いたします。
　特定労働者協同組合の清算人は，特定労働者協同組合の債務を弁済してもな
お残余財産があるときは，これを組合員に対し，出資口数に応じて分配しなけ
ればなりません。ただし，分配することができる金額は，出資額が限度です。
これらの規定による分配の結果，なお，残余財産がある場合は，その財産は，

清算結了の届出の時において，定款で定めるところにより，国もしくは地方公
共団体または他の特定労働者協同組合に帰属することになり，これらによって
処分されない財産は，国庫に帰属することになります（労協法94条の17）。

　これに対し，特定労働者協同組合以外の労働者協同組合の残余財産の分配に
ついては，法律上，特に規定はありません。そのため，出資口数に応じて行う
等の方法を定款で定めておき，具体的な分配の業務は清算人会で決定して行う
ことになるのだろうと思います。定款に分配方法を定めていない場合に，総会
の決議により解散する場合は，解散の決議にあわせて，残余財産の分配方法を
定める定款の変更をしておくとよいでしょう。なお，法律上，制限がないので，
定款等で定めれば，残余財産をどのように分配するかは，制限はないのだろう
と思いますが，税務上の考慮も必要だと思いますので，分配方法は，税務の専
門家等にも相談して定めるのが望ましいと考えます。

(7)　清算事務の終了

　清算労働者協同組合は，清算事務が終了したときは，遅滞なく，決算報告を
作成しなければなりません。この決算報告は清算人会の承認を受けたうえ，総
会に提出し，または提供して，その承認を受けなければなりません。この承認
があったときは，任務を怠ったことによる清算人の損害賠償の責任は，免除さ
れたものとみなされます。ただし，清算人の職務の執行に関し不正の行為が
あった場合は，この限りでないとされています（労協法94条第1項，会507条）。
　決算報告の記載事項は次のとおりです。

> ア．債権の取立て，資産の処分その他の行為によって得た収入の額
> イ．債務の弁済，清算に係る費用の支払その他の行為による費用の額
> ウ．残余財産の額（支払税額がある場合には，その税額および当該税額を控除
> 　　した後の財産の額）
> エ．出資1口当たりの分配額
> オ．残余財産の分配を完了した日

> カ．残余財産の全部または一部が金銭以外の財産である場合には，当該財産の種類および価額

参考までに，決算報告のサンプルは以下です。

決算報告書

1．令和○○年○○月○○日，当組合債権者に対して債権申出の公告を行うとともに，知れている債権者に対しては各別に催告を行った。

1．令和○○年○○月○○日，組合財産の現況を調査のうえ，財産目録及び貸借対照表を作成し，令和○○年○○月○○日開催の総会においてその承認を受けた。

1．令和○○年○○月○○日から令和○○年○○月○○日までの期間内に取り立てた債権の総額は，金○○万○○○○円である。

1．債務の弁済，清算に係る費用の支払等による費用の額は，金○○万○○○○円（うち，支払税額金○○円）である。

1．以上の結果，残余財産の額は，金○○万○○○○円と，法人市県民税金○万円であり，支払税額については，総会において，この決算報告の承認を受けた後，速やかに納付する予定であり，その結果，分配すべき残余財産は金○○万○○○○円である。

1．令和○○年○○月○○日，前記分配すべき残余財産を次のとおり組合員に分配した。

　　　　出資１口当たりの分配額　　　金○万○○○○円

　　　　（出資総口数○○○口）

1．以上の結果，納税債務とその支払原資である現金のほかは，資産も負債も0となった。

　上記のとおり清算が結了したことを報告する。

　　　　　　令和○○年○○月○○日

　　　　　　○県○市○町○丁目○番○号

　　　　　　○○労働者協同組合

　　　　　　代表清算人　○○○○

⑻　清算結了の登記

　清算労働者協同組合の清算が結了したときは，清算結了の日から２週間以内に，その主たる事務所の所在地において，清算結了の登記をしなければなりません（組登令10条）。

　この登記の申請書には，清算が結了したことを証する書面を添付しなければなりません（組登令23条）。この清算が結了したことを証する書面として，決算報告書とその決算報告書を承認した総会の議事録を添付します。代理人によって申請する場合には委任状を添付します。

　ちなみに，登記期間は，前記のとおり，清算結了の日から２週間以内となっています。これについて，株式会社においては，決算報告を株主総会から承認した日から２週間以内となっています。そうすると，労働者協同組合の清算結了の登記の場合は，２週間の登記期間を決算報告を総会で承認した日からではなく，清算結了の日から計算するようにも思えます。

　それでは，清算結了の日とは何でしょうか。清算が終わった日のことではありますが，裁判例や主要な学説では，清算事務を終了するだけでは足りず，総会等で，決算報告の承認が必要だという見解を採用しています[62]。登記実務においても，清算結了日については，決算報告の承認日とされています。よって，結論としては，決算報告の承認の日から計算することになります。

　労働者協同組合の登記の根拠法である組合等登記令が適用される法人には，業務執行機関が清算事務を終了すれば清算結了となり，総会の承認等は不要とする法人（NPO法人等）もあり，そのため，登記期間の計算の起算日を，総会の承認日でなく，清算結了日としているのかもしれません。

　ちなみに，私見は，この考え方とは異なる考え方をとっており，参考までに，

---

[62]　昭和29年３月26日東京地裁判決。また，上柳克郎ほか『新版注釈会社法⑴』（有斐閣）530頁では，「清算が結了したときとは，清算人の主たる職務として，現務の結了，債権の取立ておよび債務の弁済，残余財産の分配など（略）がすべて完了したときである。しかし，清算の結了が確認されるためには，清算人の付随的職務として（略）計算の承認の手続を必要とし，この手続を経ない限り未だ清算手続中であると解すべき」としています。

次の通りに考えています。

　「「清算の結了」とは，清算人の職務である現務の結了，債権の取立ておよび債務の弁済，残余財産の分配が終了することだと考えるのが自然だと考えます。決算報告の承認は，民法第655条（委任の終了の対抗要件）の特則のようなものであり，清算人がその任務の終了を総会（組合員）に対抗するための要件で，それが満たされない限り，清算結了の登記をすることができないということではないかと考えます。登記実務が登記原因を計算書類の承認日としているのは，総会に対抗することができるようになり，登記をすることが可能になった日を登記原因日としているのだと解釈しています。」

　なお，清算結了の登記申請書の記載例は以下のとおりです。

登記の事由　　　清算結了
登記すべき事項　別紙のとおり

【別紙の記載例】

「登記記録に関する事項」令和〇〇年〇〇月〇〇日清算結了

3．継　続

　労働者協同組合は，総会の決議，存続期間の満了，定款に定めた解散事由の発生による解散および休眠組合が解散したものとみなされた場合には，その清算が結了するまで，組合を継続することができます。ただし，休眠会社が解散したものとみなされた場合にあっては，解散したものとみなされた後3年以内に限られ，この間に清算が結了していない場合でも，継続することはできません（労協法82条1項）。

　組合員が3人未満となり，6カ月が継続すると，当該労働者協同組合は解散しますが，この場合も，継続することができないことに注意が必要です。

　解散した労働者協同組合が継続を決定すると，将来に向かって解散前の状態

136

に復帰し，営業取引を行う権利能力を回復します。遡及的に解散しなかったことになるわけではないことに注意が必要です。そのため，解散前に理事であった者が当然に理事に復帰するわけではなく，あらためて，選挙（選任）し，委任契約を締結する必要があります[63]。ただ，定款に定められた事項であって，清算中に機能していなかった事項（理事の任期等）については，解散以後に変更等をしていない限り，当然に，その定款の定めが有効に機能するようになります。

(1)　継続の手続

　解散した労働者協同組合が前記の継続をするときは，総会の特別の議決，すなわち，総組合員の半数以上が出席し，その議決権の3分の2以上の多数による議決により決定する必要があります（労協法82条2項，65条）。

(2)　継続の登記

　解散した労働者協同組合が継続したときは，2週間以内に，その主たる事務所の所在地において，継続の登記をしなければなりません（組登令7条の2）。解散した後，解散の登記を行っていない状態で継続を決定した場合であっても，解散および清算人の登記をしたうえで，継続の登記をしなければなりません[64]。継続の登記をすると，登記官が職権で，解散の登記，代表清算人の登記を抹消する記号を記録します（法登規5条，商登規73条）。

　継続の登記の申請には，労働者協同組合が継続したことを証する書面を添付しなければなりません。具体的には，特別の議決により継続を決定した総会の議事録を添付します。なお，存続期間の満了または解散事由の発生により解散した労働者協同組合については，存続期間や定款に定められた解散事由を変更または廃止する必要があり，これらの変更登記も必要になります。

63　江頭・会社法1046頁
64　昭和39年1月29日民事甲206号

　また，当然ながら，総会において，継続後の理事を選挙（選任）し，理事会を開催して代表理事を選定する必要があります。

　よって，総会議事録のほか，理事会議事録，代表理事が理事および代表理事に就任承諾したことを証する書面も必要となります。なお，この理事会議事録には，各種法人等登記規則第5条で準用する商業登記規則第61条第6項の適用があり，出席した理事および監事（監査会員）の全員が個人実印を押印し，当該印鑑に関する印鑑証明書の添付が必要になります。

　なお，継続の登記申請時に代表清算人として法務局に印鑑を提出していた者が，継続後の理事または監事（監査会員）として理事会に出席し，法務局に提出していた印鑑を押印していた場合であっても，各種法人等登記規則第5条で準用する商業登記規則第61条第6項ただし書の適用はないものと考えられます。商業登記規則第61条第6項ただし書では，「当該印鑑と変更前の<u>代表取締役又は代表執行役（取締役を兼ねる者に限る。）</u>が登記所に提出している印鑑と同一であるとき」（下線は筆者による）としており，代表清算人については規定していないためです。

　また，休眠組合が解散したものとみなされた場合に，継続の登記をする場合も同様です。継続の登記をするということは，職権で解散の登記がなされ，従前の代表理事の登記も職権で抹消されています。よって，代表理事は印鑑提出者としての資格を喪失しているため，当該元代表理事が押印したとしても，前記ただし書の適用はありません。

　継続の登記申請書の記載例は以下のとおりです。

登記の事由	継続 代表理事の変更
登記すべき事項	別紙のとおり

【別紙の記載例】

「法人の継続」令和〇〇年〇〇月〇〇日継続

「役員に関する事項」
「資格」代表理事
「住所」○県○市○町○丁目○番○号
「氏名」○○○○
「原因年月日」令和○○年○○月○○日就任

(3) 届　出

　労働者協同組合が，継続したときは，2週間以内に，その旨を行政庁に届け出なければなりません（労協法82条）。届出の様式については，本書執筆時点では，厚生労働省では特に規定していないようです。

　以下のような記載になるものと考えますので，参考までに，私案を掲載いたします。また，継続に伴い，役員の変更がありましたので，役員の変更の届出もあわせて行う必要があります。役員の変更の届出のサンプルについては，**第3章Ｉ3.** (3)②をご参照ください。

令和○○年○○月○○日
・・・・・都道府県知事殿

　　　　組合の住所及び名称　　　　　○県○市○町○丁目○番○号
　　　　　　　　　　　　　　　　　　○○労働者協同組合
　　　　組合を代表する理事の氏名　代表理事　○○○○

労働者協同組合継続届書
　下記のとおり労働者協同組合法第82条第3項の規定により労働者協同組合の継続を届け出ます。
記
1　継続の年月日　　　　　令和○○年○○月○○日

Ⅲ　合　併

　労働者協同組合は，総会の議決を経て，他の労働者協同組合と合併すること
ができます（労協法83条）。合併には，吸収合併と新設合併があります。

　吸収合併とは，労働者協同組合が他の組合とする合併であって，合併により
消滅する労働者協同組合（以下，「吸収合併消滅組合」という）の権利義務の
全部を，合併後存続する労働者協同組合（以下，「吸収合併存続組合」という）
に承継させるものをいいます（労協法84条）。

　吸収合併の効力が発生すると，権利義務の全部を承継させた吸収合併消滅組
合は解散し（労協法80条1項2号），法人格が消滅します。この結果，吸収合併
消滅組合の組合員が有していた吸収合併消滅組合の出資持分は消滅しますので，
それに代わり，吸収合併存続組合の出資等が割り当てられることになります
（労協法84条3号）。下の図のようなイメージです。

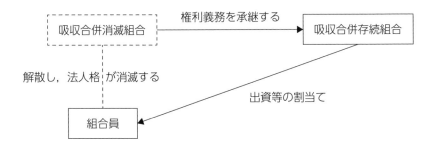

　新設合併とは，2以上の労働者協同組合がする合併であって，合併により消
滅する労働者協同組合（以下，「新設合併消滅組合」という）の権利義務の全
部を合併により設立する労働者協同組合（以下，「新設合併設立組合」という）
に承継させるものをいいます（労協法85条）。

　新設合併の効力が発生すると，権利義務の全部を承継させた新設合併消滅組合は解散し（労協法80条1項2号），法人格が消滅します。この結果，新設合併消滅組合の組合員が有していた新設合併消滅組合の出資持分は消滅しますので，その代わり，新設合併存続組合の出資等が割り当てられることになります（労協法85条3号）。下の図のようなイメージです。

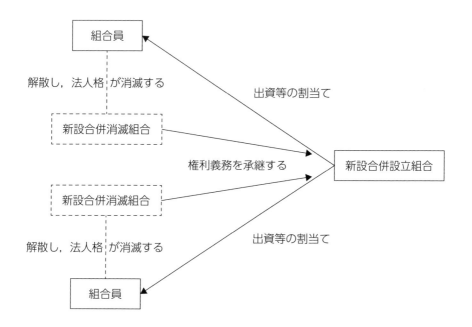

1．吸収合併の手続

吸収合併手続の流れは以下のとおりです。

合併契約の締結（労協法83条）

　　↓

事前開示（労協法86条１項および２項，87条１項および２項）

　　↓

合併契約の承認（労協法86条３項，87条３項）

債権者保護手続（労協法86条５項，87条７項，73条）

　　↓

合併の効力発生（労協法90条）

　　↓

合併の登記（組登令８条）

　　↓

合併の届出（労協法91条）

事後開示（労協法87条９項および10項）

---

(1)　合併契約

　吸収合併をするには，吸収合併消滅組合と吸収合併存続組合が吸収合併契約を締結しなければなりません（労協法83条）。吸収合併契約においては，次に掲げる事項を定めなければなりません（労協法84条）。

ア．吸収合併存続組合および吸収合併消滅組合の名称および住所

イ．吸収合併存続組合の出資１口の金額

ウ．吸収合併消滅組合の組合員に対する出資の割当てに関する事項

エ．吸収合併消滅組合の組合員に対して支払いをする金額を定めたときは，その定め

オ．効力発生日

カ．その他厚生労働省令で定めるべき事項

　なお，カの厚生労働省令で定める事項ですが，本書執筆時点では，規定されていません。吸収合併契約書のサンプルは，以下のとおりです。法律上最低限の内容ですので，状況に応じて，適宜，追加・修正願います。

吸収合併契約書

　○○労働者協同組合（以下，「甲」という。）と△△労働者協同組合（以下，「乙」という。）とは，合併に関し，次のとおり契約を締結する。

（合併の方式）

第1条　甲及び乙は合併して，甲は存続し，乙は解散するものとする。

　　　②　甲及び乙の名称及び住所は次のとおりである。

　　　　　　甲（吸収合併存続組合）

　　　　　　　名称　　○○労働者協同組合

　　　　　　　住所　　○県○市○町○丁目○番○号

　　　　　　乙（吸収合併消組合）

　　　　　　　名称　　△△労働者協同組合

　　　　　　　住所　　△県△市△町△丁目△番△号

（効力発生日）

第2条　合併の効力発生日は，令和○○年○○月○○日とする。ただし，合併手続の進行に応じ必要があるときは，甲乙協議の上，労働者協同組合法の規定に従い，これを変更することができる。

（合併後の出資1口の金額）

第3条　合併後の甲の出資1口の金額は，以下のとおりとする。

　　　　　　　合併後の甲の出資1口の金額　　○万円

（出資の割当て）

第4条　甲は，この合併に際して出資の口数○○口を増加し，効力発生時点の乙の組合員名簿に記載された組合員に対し，その所有する乙の持分の出資1口につき甲の持分の出資○口の割合をもって割当てる。なお，この吸収合

　　　　　併においては，労働者協同組合法第84条第4号の金銭の支払いは行わない。
（規定外条項）
第5条　本契約に定めるもののほか，合併に関し必要な事項は，本契約の趣旨に
　　　　従い甲乙協議の上，これを決定する。

　　以上，本契約の成立を証するため，本書1通を作成し，甲乙記名押印の上，甲
が原本を保有し，乙はその写しを保有する。

　　　　令和〇〇年〇〇月〇〇日
　　　　　　（甲）　〇県〇市〇町〇丁目〇番〇号
　　　　　　　　　〇〇労働者協同組合
　　　　　　　　　代表理事　　〇〇〇〇
　　　　　　（乙）　△県△市△町△丁目△番△号
　　　　　　　　　△△労働者協同組合
　　　　　　　　　代表理事　　△△△△

(2)　事前開示

①　吸収合併消滅組合

　吸収合併消滅組合は，次に掲げる日のいずれか早い日から効力発生日までの
間，吸収合併契約の内容その他厚生労働省令で定める事項を記載し，または記
録した書面または電磁的記録を主たる事務所に備え置かなければなりません
（労協法86条1項）。

ア．合併契約を承認する総会の2週間前の日
イ．債権者保護手続の開始日（公告日および催告日のいずれか早い日）

　吸収合併消滅組合の組合員および債権者は，吸収合併消滅組合に対して，そ
の業務取扱時間内はいつでも，前記書面の閲覧・謄本の交付等の請求をするこ
とができます（労協法86条2項）。

　具体的に備え置くべき書面等に記載または記録するべき内容は次のとおりです（労施規72条，簡略化しておりますので，詳細は条文をご参照ください）。

ア．合併契約の内容

イ．吸収合併消滅組合の組合員に対して支払いをする金額等を定めた場合は，当該定めの相当性に関する事項。定めがない場合にあっては，当該定めがないこと

ウ．吸収合併消滅組合の組合員に対して交付する金銭等の全部または一部が吸収合併存続組合の持分であるときは，吸収合併存続組合の定款の定め

エ．吸収合併消滅組合の組合員に対して交付する金銭等の全部または一部が吸収合併存続組合以外の法人等の株式，持分，社債などその他これに準ずるものである場合（合併契約について，吸収合併消滅組合の総組合員の同意を得た場合を除く）において，次の場合においては，それぞれの場合に応じた次の事項

・当該金銭等が当該法人等の株式等である場合
　当該法人等の定款その他これに相当するもの

・当該法人が決算公告等をしていない場合
　当該法人等の過去5年間の貸借対照表その他これに相当するものの内容

・当該法人等についての登記がされていない場合
　当該法人等の代表者の氏名または名称および住所ならびに当該法人等の役員の氏名または名称

オ．吸収合併存続組合についての次の事項

・最終事業年度に係る事業報告書，貸借対照表，損益計算書および監査報告（最終の事業年度がない場合にあっては，成立の日における貸借対照表）の内容

・最終事業年度の末日（最終の事業年度がない場合にあっては，成立の日）後に重要な財産の処分，重大な債務の負担その他の組合財産の状況に重要な影響を与える事象が生じたときは，その内容

カ．吸収合併消滅組合についての次の事項

・最終の事業年度の末日（最終の事業年度がない場合にあっては，成立の

日）後に重要な財産の処分，重大な債務の負担その他の組合財産の状況
　　に重要な影響を与える事象が生じたときは，その内容
キ．効力発生日後における吸収合併存続組合の債務の履行の見込みに関する事
　　項
ク．吸収合併契約等備置開始日後，以上の事項に変更が生じたときは，変更後
　　の当該事項

② 吸収合併存続組合

　吸収合併存続組合は，次に掲げる日のいずれか早い日から効力発生日までの
間，吸収合併契約の内容その他厚生労働省令で定める事項を記載し，または記
録した書面または電磁的記録を主たる事務所に備え置かなければなりません
（労協法87条1項）。

ア．合併契約を承認する総会の2週間前の日
イ．債権者保護手続の開始日（公告日および催告日のいずれか早い日）

　吸収合併存続組合の組合員および債権者は，吸収合併存続組合に対して，そ
の業務取扱時間内はいつでも，前記書面の閲覧・謄本の交付等の請求をするこ
とができます（労協法87条2項）。
　具体的に備え置くべき書面等に記載または記録するべき内容は次のとおりで
す（労施規73条，簡略化している部分もありますので，詳細は条文をご参照くださ
い）。

ア．合併契約の内容
イ．吸収合併消滅組合の組合員に対して支払いをする金額等を定めた場合は，
　　当該定めの相当性に関する事項。定めがない場合にあっては，当該定めが
　　ないこと
ウ．吸収合併消滅組合についての次の事項

146

- ・最終事業年度に係る事業報告書，貸借対照表，損益計算書および監査報告（最終の事業年度がない場合にあっては，成立の日における貸借対照表）の内容
- ・最終事業年度の末日（最終の事業年度がない場合にあっては，成立の日）後に重要な財産の処分，重大な債務の負担その他の組合財産の状況に重要な影響を与える事象が生じたときは，その内容
- エ．吸収合併存続組合についての次の事項
  - ・最終の事業年度の末日（最終の事業年度がない場合にあっては，成立の日）後に重要な財産の処分，重大な債務の負担その他の組合財産の状況に重要な影響を与える事象が生じたときは，その内容
- キ．効力発生日後における吸収合併存続組合の債務の履行の見込みに関する事項
- ク．吸収合併契約等備置開始日後，以上の事項に変更が生じたときは，変更後の当該事項

(3) 合併契約の承認

① 吸収合併消滅組合

吸収合併消滅組合は，効力発生日の前日までに，総会の決議によって，吸収合併契約の承認を受けなければなりません（労協法86条3項）。この決議は，特別の議決が必要です（労協法65条2号）。

なお，吸収合併が法令または定款に違反する場合において，吸収合併消滅組合の組合員が不利益を受けるおそれがあるときは，吸収合併消滅組合の組合員は，吸収合併消滅組合に対し，当該吸収合併をやめることを請求することができます（労協法86条4項）。

② 吸収合併存続組合

吸収合併存続組合は，効力発生日の前日までに，総会の決議によって，吸収

合併契約の承認を受けなければなりません（労協法87条3項）。この決議は，特別の議決が必要です（労協法65条2号）。

　ただし，吸収合併消滅組合の総組合員の数が吸収合併存続組合の総組合員の数の5分の1を超えない場合であって，かつ，吸収合併消滅組合の最終の貸借対照表により現存する総資産額が吸収合併存続組合の最終の貸借対照表により現存する総資産額の5分の1を超えない場合の合併については，原則として，総会の決議による承認は，受ける必要がありません（労協法87条3項）。この場合，吸収合併存続組合は，効力発生日の20日前までに，合併をする旨ならびに吸収合併消滅組合の名称および住所を公告し，または組合員に通知しなければなりません（労協法87条5項）。ただし，この要件に概当する場合でも，吸収合併存続組合の総組合員の6分の1以上の組合員が，公告または通知の日から2週間以内に合併に反対する旨を吸収合併存続組合に対し通知したときは，効力発生日の前日までに，総会の決議によって，吸収合併契約の承認を受けなければなりません（労協法87条4項）。

　なお，吸収合併が法令または定款に違反する場合において，吸収合併存続組合の組合員が不利益を受けるおそれがあるときは，吸収合併存続組合の組合員は，吸収合併存続組合に対し，当該吸収合併をやめることを請求することができます。ただし，吸収合併存続組合が総会の決議を経ないで合併をする場合（前記の反対の通知があった場合を除く）は，この限りでありません（労協法87条6項）。

(4)　債権者保護手続

　吸収合併の手続では，吸収合併消滅組合，吸収合併存続組合とも，出資1口の金額の減少に関する手続の債権者保護手続（労協法73条）が準用されています（労協法86条5項，87条7項）。

　そのため，吸収合併消滅組合，吸収合併存続組合とも，「吸収合併をする旨」および「債権者が一定の期間内に異議を述べることができる旨」を官報に公告

し，かつ，知れている債権者には，各別にこれを催告しなければなりません。ただし，公告を，官報のほか，定款の公告方法（時事に関する事項を掲載する日刊新聞紙に掲載する方法または電子公告）により行う場合は，各別の催告は行う必要がありません。

　なお，債権者が異議を述べることができる期間は，1カ月を下ることができません。債権者が，この期間内に異議を述べなかったときは，当該債権者は，合併をすることについて，承認したものとみなされます。

　債権者が異議を述べた場合は，労働者協同組合は，当該債権者に対し，弁済し，もしくは，相当の担保を提供し，または当該債権者に弁済を受けさせることを目的として，信託会社等に相当の財産を信託しなければなりません。ただし，吸収合併をしても，当該債権者を害するおそれがないときは，弁済等は不要です。

　債権者保護手続のための公告と催告の案文のサンプルは以下のとおりです。

【官報公告サンプル】

合併公告

　左記組合は合併して甲は乙の権利義務全部を承継して存続し乙は解散することにいたしました。

　この合併に対し異議のある債権者は，本公告掲載の翌日から一箇月以内にお申し出下さい。

　　令和○○年○○月○○日
　　　　　　　○県○市○町○丁目○番○号
　　（甲）　○○労働者協同組合
　　　　　　　代表理事　　○○○○
　　　　　　　△県△市△町△丁目△番△号
　　（乙）　△△労働者協同組合
　　　　　　　代表理事　　△△△△

【吸収合併消滅組合催告書サンプル】

催告書

令和○○年○○月○○日

債 権 者 各 位

△県△市△町△丁目△番△号
△△労働者協同組合
代表理事　△△△△

　拝啓　時下ますますご清栄のこととお慶び申し上げます。

　さて，当組合は，合併により○○労働者協同組合（住所：○県○市○町○丁目○番○号）に権利義務全部を承継させて解散することにいたしました。

　つきましては，これに対して異議がございましたら，令和○○年○○月○○日までにその旨をお申し出下さるよう，法律の規定に基づき催告いたします。

【吸収合併存続組合催告書サンプル】

催告書

令和○○年○○月○○日

債 権 者 各 位

○県○市○町○丁目○番○号
○○労働者協同組合
代表理事　○○○○

　拝啓　時下ますますご清栄のこととお慶び申し上げます。

　さて，当組合は，合併により△△労働者協同組合（住所：△県△市△町△丁目△番△号）の権利義務全部を承継し，△△労働者協同組合は解散することにいたしました。

　つきましては，これに対して異議がございましたら，令和○○年○○月○○日までにその旨をお申し出下さるよう，法律の規定に基づき催告いたします。

(5) 効力の発生と登記

　吸収合併存続組合は，効力発生日に，吸収合併消滅組合の権利義務を承継します。この承継する権利義務には，吸収合併消滅組合が行う事業に関し，行政庁の許可，認可その他の処分に基づいて有する権利義務を含むとされています（労協法90条1項）。ただ，この点について，実際にそうした権利義務を有する労働者協同組合の合併を行う場合には，許認可庁等とも十分に打ち合わせをしたうえで，手続を進めることをお勧めします。

　吸収合併の効力が発生したら，2週間以内に，その主たる事務所の所在地において，吸収合併消滅組合については解散の登記をし，吸収合併存続組合については変更の登記をしなければなりません（組登令8条）。

　合併による変更の登記の申請書には，吸収合併消滅組合の登記事項証明書を添付しなければなりません（吸収合併存続組合の主たる事務所が，吸収合併消滅組合の主たる事務所と同一の法務局の管轄である場合を除く）（組登令20条1項）。ただし，労働者協同組合の登記の根拠法である組合等登記令の第25条で，商業登記法第19条の3を準用しており，申請書に吸収合併消滅法人の会社法人等番号を記載した場合には，添付は不要です。また，債権者保護手続の履行関係を証するため，公告および催告をしたことならびに異議を述べた債権者があるときは，当該債権者に対し弁済し，もしくは相当の担保を提供し，もしくは当該債権者に弁済を受けさせることを目的として相当の財産を信託したことまたは当該合併をしても当該債権者を害するおそれがないことを証する書面を添付しなければならないものとされています（組登令20条2項）。

　その他，労働者協同組合の変更の登記の添付書面として，変更を証する書面の添付が必要であり（組登令17条），合併契約書，総会議事録（総会の決議を要しない場合には理事会議事録）の添付が必要です。また，吸収合併存続組合の出資の総口数および払込済出資総額が変更になる場合が多いと思いますので，その変更を証する書面も必要となります。

　登記申請書のサンプルは以下のとおりです。

【合併による変更登記申請書サンプル】

<h2 style="text-align:center">労働者協同組合合併による変更登記申請書</h2>

1．会社法人等番号　○○○○－○○－○○○○○○

　　フリガナ　　　　○○

1．名　称　　　　　○○労働者協同組合

1．主たる事務所　　○○県○○市○町○丁目○番○号

1．登記の事由　　　吸収合併による変更

1．登記すべき事項　別紙のとおり

1．添付書類

　　　　合併契約書　　　　　　　　　　　　　　1通

　　　　吸収合併存続組合の総会議事録　　　　　1通

　　　　吸収合併消滅組合の総会議事録　　　　　1通

　　　　公告及び催告をしたことを証する書面　　2通

　　　　異議を述べた債権者はいない旨の上申書　2通

　　　　出資の総口数及び払い込んだ出資の総額を証する書面

　　　　　　　　　　　　　　　　　　　　　　　1通（※）

　　　　吸収合併消滅会社の登記事項証明書　　　添付省略

　　　（会社法人等番号　○○○○－○○－○○○○○○）

　　　　　（委任状　　　　　　　　　　　　　　1通）

　上記のとおり，登記の申請をします。

　　令和○○年○○月○○日

　　　　　　　　申請人

　　　　　　　　○○県○○市○町○丁目○番○号

　　　　　　　　○○労働者協同組合

　　　　　　　　○県○市○町○丁目○番○号

　　　　　　　　代表理事　　○○○○

　　　　　　　　連絡先の電話番号　○○○－○○○－○○○○

　　○○　法務局　　　支　局　御中

　　　　　　　　出張所

152

（※）吸収合併消滅組合の出資の総口数と合併契約の割当ての記載から明らかになる場合が多いと思いますが，登記されている出資総口数は，変更の都度登記する必要はなく，事業年度末により，4週間以内に登記すれば足りることもあり，合併後の総口数と出資の総額を明らかにするため，添付することになると思われます。

登記すべき事項【別紙】

「吸収合併」令和○○年○○月○○日△県△市△町△丁目△番△号△△労働者協同組合を合併
「出資の総口数」○○口
「原因年月日」令和○○年○○月○○日変更
「払込済出資総額」金○○○万円
「原因年月日」令和○○年○○月○○日変更

【合併による解散登記申請書サンプル】

吸収合併による解散登記申請書

1．会社法人等番号　○○○○－○○－○○○○○○
　　フリガナ　　　　△△
1．名　　称　　　　△△労働者協同組合
1．主たる事務所　　△県△市△町△丁目△番△号
1．登記の事由　　　吸収合併による解散
1．登記すべき事項　別紙のとおり
1．添付書類　　　　（注：添付書面は不要です）
　上記のとおり，登記の申請をします。
　　令和○○年○○月○○日
　　　　　　申請人
　　　　　　○○県○○市○町○丁目○番○号
　　　　　　○○労働者協同組合
　　　　　　○県○市○町○丁目○番○号
　　　　　　代表理事　　○○○○（※）

連絡先の電話番号　〇〇〇－〇〇〇－〇〇〇〇
　〇〇　法務局　　支　局　御中
　　　　　　　　出張所

※吸収合併存続組合の代表者が申請人となります。

登記すべき事項【別紙】

「登記記録に関する事項」
令和〇〇年〇〇月〇〇日〇〇県〇〇市〇町〇丁目〇番〇号〇〇労働者協同組合に
合併し解散

(6)　届　出

　労働者協同組合は，合併したときは，合併の日から2週間以内に，登記事項
証明書を添えて，その旨を行政庁に届け出なければなりません（労協法91条）。
また，合併理由書，吸収合併存続組合の定款，合併契約の内容を記載した書面
またはその謄本，吸収合併存続組合の事業計画書および収支予算書，合併契約
の承認に係る総会（理事会）議事録，吸収合併存続組合および吸収合併消滅組
合の最終の事業年度末日における貸借対照表，合併をやめることを請求した組
合員があるときは当該請求に係る手続の経過を記載した書面，債権者保護手続
の結果，異議を述べた債権者がいる場合は，それに対応したこと，あるいは，
合併をしても当該債権者を害するおそれがないことを証する書面の添付も必要
とされています（労施規77条）。届出書のサンプルは以下のとおりです。

【届出書サンプル】

令和〇〇年〇〇月〇〇日
・・・・・都道府県知事殿

```
　　吸収合併存続組合の住所及び名称　○県○市○町○丁目○番○号
　　　　　　　　　　　　　　　　　　○○労働者協同組合
　　　　組合を代表する理事の氏名　　代表理事　○○○○
　　吸収合併消滅組合の住所及び名称　△県△市△町△丁目△番△号
　　　　　　　　　　　　　　　　　　△△労働者協同組合
　　　　組合を代表する理事の氏名　　代表理事　△△△△

　　　　　　　　　　労働者協同組合合併届書
　　労働者協同組合法第91条の規定により労働者協同組合の合併を別紙の合併理由
　書その他の必要資料を添えて届け出ます。
```

(7)　事後開示

　吸収合併存続組合は，吸収合併に関する事項として厚生労働省令で定める事項を記載し，または記録した書面または電磁的記録を作成し，合併の効力発生日から6カ月間，主たる事務所に備え置かねばなりません。吸収合併存続組合の組合員および債権者は，当該組合の業務取扱期間内は，いつでも，当該書面等の閲覧・謄写等の請求をすることができます（労協法87条8〜10項）。

　厚生労働省令で定める事項は，以下のとおりです。

```
ア　吸収合併が効力を生じた日
イ．吸収合併消滅組合における次に掲げる事項
　・吸収合併消滅組合の組合員が吸収合併をやめることを請求した場合の請求
　　に係る手続の経過
　・債権者保護手続の手続の経過
ウ．吸収合併存続組合における次に掲げる事項
　・吸収合併存続組合の組合員が吸収合併をやめることを請求した場合の請求
　　に係る手続の経過
　・債権者保護手続の手続の経過
```

エ．吸収合併により吸収合併存続組合が吸収合併消滅組合から承継した重要な
　　権利義務に関する事項

オ．事前備置書面または電磁的記録に記載または記録がされた事項（吸収合併
　　契約の内容を除く）

カ．前各号に掲げるもののほか，吸収合併に関する重要な事項

2．新設合併の手続

　吸収合併手続の流れは以下のとおりです。

合併契約の締結（労協法83条）
　　↓
事前開示（労協法88条1項および2項）
　　↓
合併契約の承認（労協法88条3項）
設立委員による定款の作成・役員の選任等（労協法89条2項）
債権者保護手続（労協法88条5項）
　　↓
合併の効力発生（労協法90条）
　　↓
合併の登記（組登令8条）
　　↓
合併の届出（労協法91条）
事後開示（労協法89条6項，7項および8項）

(1)　合併契約

　新設合併をするには，2つ以上の新設合併消滅組合が新設合併契約を締結し
なければなりません（労協法83条）。新設合併契約においては，次に掲げる事項

を定めなければなりません（労協法85条）。

> ア．新設合併消滅組合の名称および住所
> イ．新設合併設立組合の事業，名称，主たる事務所の所在地および出資1口の金額
> ウ．新設合併消滅組合の組合員に対する出資の割当てに関する事項
> エ．新設合併消滅組合の組合員に対して支払いをする金額を定めたときは，その定め
> オ．その他厚生労働省令で定めるべき事項

　なお，カの厚生労働省令で定める事項ですが，本書執筆時点では，規定されていません。新設合併契約書のサンプルは，以下のとおりです。法律上最低限の内容ですので，状況に応じて，適宜，追加・修正願います。

> ### 新設合併契約書
>
> 　○○労働者協同組合（以下，「甲」という。）と△△労働者協同組合（以下，「乙」という。）は，□□労働者協同組合（以下，「新組合」という。）を設立することにつき，次のとおり契約を締結する。
> （合併の方式）
> 第1条　甲及び乙は合併して，新組合を設立し，甲乙は解散するものとする。
> 　　　②　甲及び乙の名称及び住所は次のとおりである。
> 　　　　　甲（新設合併消滅組合）
> 　　　　　　名称　○○労働者協同組合
> 　　　　　　住所　○県○市○町○丁目○番○号
> 　　　　　乙（新設合併消滅組合）
> 　　　　　　名称　△△労働者協同組合
> 　　　　　　住所　△県△市△町△丁目△番△号
> （新組合の名称等）
> 第2条　新組合の事業，名称，主たる事務所の所在地及び出資1口の金額は次の

とおりとする。

　(1)　名　　　　　称　　□□労働者協同組合

　(2)　主 た る 事 務 所　　○県○市○町○丁目○番○号

　(3)　事　　　　　業

　　　①○○事業

　　　②○○事業

　　　③前各号に附帯又は関連する一切の事業

　(4)　出資１口の金額　　○万円

（出資の割当て）

第３条　新組合の設立当初の出資の総口数は○○口とし，これを本合併の効力発
　　　生時点の甲の組合員名簿に記載された組合員に対し，その所有する甲の持
　　　分の出資１口につき新組合の持分の出資○口の割合をもって割当て，効力
　　　発生時点の乙の組合員名簿に記載された組合員に対し，その所有する乙の
　　　持分の出資１口につき新組合の持分の出資△口の割合をもって割当てる。
　　　なお，この新設合併においては，労働者協同組合法第85条第４号の金銭の
　　　支払いは行わない。

（規定外条項）

第４条　本契約に定めるもののほか，合併に関し必要な事項は，本契約の趣旨に
　　　従い甲乙協議の上，これを決定する。

　以上，本契約の成立を証するため，本書２通を作成し，甲乙記名押印の上，甲
乙において各自その１通を保有する。

　　　令和○○年○○月○○日

　　　　（甲）　○県○市○町○丁目○番○号

　　　　　　　○○労働者協同組合

　　　　　　　代表理事　　○○○○

　　　　（乙）　△県△市△町△丁目△番△号

　　　　　　　△△労働者協同組合

　　　　　　　代表理事　　△△△△

(2) 事前開示

　新設合併消滅組合は，次に掲げる日のいずれか早い日から効力が生ずる日までの間，新設合併契約の内容その他厚生労働省令で定める事項を記載し，または記録した書面または電磁的記録を主たる事務所に備え置かなければなりません（労協法88条1項）。

> ア．合併契約を承認する総会の2週間前の日
> イ．債権者保護手続の開始日（公告日および催告日のいずれか早い日）

　新設合併消滅組合の組合員および債権者は，当該新設合併消滅組合に対して，その業務取扱時間内はいつでも，前記書面の閲覧・謄本の交付等の請求をすることができます（労協法88条2項）。

　具体的に備え置くべき書面等に記載または記録するべき内容は次のとおりです（労施規75条，簡略化しておりますので，詳細は条文をご参照ください）。

> ア．合併契約の内容
> イ．新設合併消滅組合の組合員に対して支払いをする金額等を定めた場合は，当該定めの相当性に関する事項
> ウ．他の新設合併消滅組合についての次の事項
> 　・最終事業年度に係る事業報告書，貸借対照表，損益計算書および監査報告（最終の事業年度がない場合にあっては，成立の日における貸借対照表）の内容
> 　・最終事業年度の末日（最終の事業年度がない場合にあっては，成立の日）後に重要な財産の処分，重大な債務の負担その他の組合財産の状況に重要な影響を与える事象が生じたときは，その内容
> エ．他の新設合併消滅組合（清算中の組合に限る）が作成した清算貸借対照表
> オ．当該新設合併消滅組合において，最終事業年度の末日（最終の事業年度がない場合にあっては，成立の日）後に重要な財産の処分，重大な債務の負担その他の組合財産の状況に重要な影響を与える事象が生じたときは，そ

の内容
カ．効力が生じた日後における新設合併設立組合の債務の履行の見込みに関する事項
キ．新設合併契約等備置開始日後，以上の事項に変更が生じたときは，変更後の当該事項

⑶　合併契約の承認

　新設合併消滅組合は，総会の決議によって，新設合併契約の承認を受けなければなりません（労協法88条3項）。この決議は，特別の議決が必要です（労協法65条2号）。

　なお，新設合併が法令または定款に違反する場合において，新設合併消滅組合の組合員が不利益を受けるおそれがあるときは，新設合併消滅組合の組合員は，新設合併消滅組合に対し，当該新設合併をやめることを請求することができます（労協法88条4項）。

⑷　設立委員による定款の作成・役員の選任等

　新設合併により，新設合併設立組合を設立するには，各新設合併消滅組合が，それぞれ総会において組合員のうちから設立委員を選任し，この設立委員が共同して定款を作成し，役員を選任し，その他設立に必要な行為を行います（労協法89条2項）。なお，設立委員の選任は，総会の特別の議決が必要です（労協法89条4項，65条）。

　なお，この設立委員による役員の選任には，労働者協同組合法第32条4項本文および5項の規定が準用されており，理事は，新設合併設立組合の組合員でなければならず（労協法32条4項本文），また，組合員の総数が1000人を超える場合は，監査の適法性を確保するため，少なくとも1人の外部監事をおくこと

160

が義務付けられることになります（労協法32条5項，労施令2条）。

設立委員により選任された役員の任期は，新設合併設立組合の最初の通常総会の日までとなります（労協法89条3項）。

代表理事については，設立委員により選任された理事が，新設合併設立組合の成立前に理事会を開催し，選定します。

(5)　債権者保護手続

新設合併の手続では，出資1口の金額の減少に関する手続の債権者保護手続（労協法73条）が準用されています（労協法88条5項）。

そのため，「新設合併をする旨」および「債権者が一定の期間内に異議を述べることができる旨」を官報に公告し，かつ，知れている債権者には，各別にこれを催告しなければなりません。ただし，公告を，官報のほか，定款の公告方法（時事に関する事項を掲載する日刊新聞紙に掲載する方法または電子公告）により行う場合は，各別の催告は行う必要がありません。なお，債権者が異議を述べることができる期間は，1カ月を下ることができません。債権者が，この期間内に異議を述べなかったときは，当該債権者は，新設合併をすることについて，承認したものとみなされます。

債権者が異議を述べた場合は，労働者協同組合は，当該債権者に対し，弁済し，もしくは，相当の担保を提供し，または当該債権者に弁済を受けさせることを目的として，信託会社等に相当の財産を信託しなければなりません。ただし，新設合併をしても，当該債権者を害するおそれがないときは，弁済等は不要です。

債権者保護手続のための公告と催告の案文のサンプルは以下のとおりです。

【官報公告サンプル】

合併公告

　左記組合は，共同して新設する□□労働者協同組合（住所○県○市○町○丁目○番○号）に権利義務全部を承継させ甲及び乙は解散することにいたしました。

　この合併に対し異議のある債権者は，本公告掲載の翌日から一箇月以内にお申し出下さい。

　　　　令和○○年○○月○○日

　　　　　　　　　○県○市○町○丁目○番○号

　　　（甲）　○○労働者協同組合

　　　　　　　代表理事　　○○○○

　　　　　　　　　△県△市△町△丁目△番△号

　　　（乙）　△△労働者協同組合

　　　　　　　代表理事　　△△△△

【吸収合併消滅組合催告書サンプル（○○労働者協同組合の場合）】

催告書

　　　　　　　　　　　　　　　　令和○○年○○月○○日

債 権 者 各 位

　　　　　　　　○県○市○町○丁目○番○号

　　　　　　　　○○労働者協同組合

　　　　　　　　代表理事○○○○

　拝啓　時下ますますご清栄のこととお慶び申し上げます。

　さて，当組合は，△△労働者協同組合（住所：△県△市△町△丁目△番△号）と共同して□□労働者協同組合（住所○県○市○町○丁目○番○号）を設立して，権利義務全部を承継させ，当組合と△△労働者協同組合は解散する新設合併を行うことにいたしました。

　つきましては，これに対して異議がございましたら，令和○○年○○月○○日までにその旨をお申し出下さるよう，法律の規定に基づき催告いたします。

⑹　効力の発生と登記

　新設合併は，新設合併設立組合の主たる事務所の所在地において設立の登記
をすることによって成立します（労協法89条１項，26条）。新設合併設立組合は，
その成立の日に，新設合併消滅組合の権利義務を承継します（労協法90条２項）。
この承継する権利義務には，吸収合併消滅組合が行う事業に関し，行政庁の許
可，認可その他の処分に基づいて有する権利義務を含むとされています（労協
法90条１項かっこ書）。ただ，この点について，実際にそうした権利義務を有す
る労働者協同組合の新設合併を行う場合には，許認可庁等とも十分に打ち合わ
せをしたうえで，手続を進めることをお勧めします。

　新設合併をするときは，必要な手続きが終了した日から２週間以内に，その
主たる事務所の所在地において，新設合併消滅組合については解散の登記をし，
新設合併設立組合については設立の登記をしなければなりません（組登令８条）。

　合併による設立の登記の申請書には，新設合併消滅組合の登記事項証明書を
添付しなければなりません（新設合併設立組合の主たる事務所が，新設合併消
滅組合の主たる事務所と同一の法務局の管轄である場合を除く）（組登令20条１
項）。ただし，労働者協同組合の登記の根拠法である組合等登記令の第25条で，
商業登記法第19条の３を準用しており，申請書に新設合併消滅法人の会社法人
等番号を記載した場合には，添付は不要です。

　また，債権者保護手続の履行関係を証するため，公告および催告をしたこと
ならびに異議を述べた債権者があるときは，当該債権者に対し弁済し，もしく
は相当の担保を提供し，もしくは当該債権者に弁済を受けさせることを目的と
して相当の財産を信託したこと，または当該合併をしても当該債権者を害する
おそれがないことを証する書面を添付しなければならないものとされています
（組登令20条２項）。

　その他，労働者協同組合の設立の登記の添付書面として，定款，労働者協同
組合を代表すべき者の資格を証する書面，出資の総口数および払い込んだ出資
の総額，電子公告を公告方法とする旨の定めがあるときは，電子公告関係事項

を証する書面を添付する必要があります（組登令21条，16条2項および3項）の添付が必要です。それに加え，合併契約書，総会議事録の添付が必要だと考えます。

　　登記申請書のサンプルは以下のとおりです。

【合併による設立登記申請書サンプル】

労働者協同組合合併による設立登記申請書

　　フリガナ　　　　□□

1．名　　称　　　　□□労働者協同組合

1．主たる事務所　　○○県○○市○町○丁目○番○号

1．登記の事由　　　令和○○年○○月○○日新設合併の手続終了

1．登記すべき事項　別紙のとおり

1．添付書類

　　　　合併契約書　　　　　　　　　　　　　　　1通

　　　　新設合併消滅組合の総会議事録　　　　　　2通

　　　　設立委員による役員選任に関する書面　　　1通

　　　　理事会議事録　　　　　　　　　　　　　　1通

　　　　代表理事の理事及び代表理事の就任承諾書　2通

　　　　公告及び催告をしたことを証する書面　　　4通

　　　　異議を述べた債権者はいない旨の上申書　　2通

　　　　出資の総口数及び払い込んだ出資の総額を証する書面

　　　　　　　　　　　　　　　　　　　　　　　　1通（※）

　　　　吸収合併消滅会社の登記事項証明書　　　添付省略

　　　　　○○労働者協同組合

　　　　　会社法人等番号　○○○○－○○－○○○○○○

　　　　　△△労働者協同組合

　　　　　会社法人等番号　△△△△－△△－△△△△△△

　　　　　（委任状　　　　　　　　　　　　　　1通）

　上記のとおり，登記の申請をします。

164

```
　　令和○○年○○月○○日
　　　　　　申請人
　　　　　　○○県○○市○町○丁目○番○号
　　　　　　□□労働者協同組合
　　　　　　○県○市○町○丁目○番○号
　　　　　　代表理事　　○○○○
　　　　　　連絡先の電話番号　○○○－○○○－○○○○
　　○○　法務局　　　支　局　御中
　　　　　　　出張所
```

（※）吸収合併消滅組合の出資の総口数と合併契約の割当ての記載から明らかになる場合が多いと思いますが，登記されている出資総口数は，変更の都度登記する必要はなく，事業年度末により，４週間以内に登記すれば足りることもあり，合併後の総口数と出資の総額を明らかにするため，添付することになると思われます。

登記すべき事項【別紙】

「名称」□□労働者協同組合
「主たる事務所」○○県○○市○町○丁目○番○号
「目的等」
事業
(1)　○○事業
(2)　○○事業
(3)　前各号に附帯又は関連する一切の事業
「役員に関する事項」
「資格」代表理事
「住所」○県○市○町○丁目○番○号
「氏名」○○○○
「公告の方法」本組合の公告は，本組合の掲示場に掲示してする。
「出資１口の金額」金○○円
「出資の総口数」○○口
「払込済出資総額」金○○○万円

「出資払込の方法」

　出資は，一時に全額を払い込まなければならない。ただし，組合に加入しよう
とするものは，本組合に対し，出資を分割して払い込むことができるものとし，
この場合の出資第1回の払込金額は，1口につき，その金額の4分の1を下るこ
とができない。

「登記記録に関する事項」○○県○○市○町○丁目○番○号□□労働者協同組合
と△県△市△町△丁目△番△号□□労働者協同組合の合併により設立

【合併による解散登記申請書サンプル（○○労働者協同組合の場合）】

労働者協同組合合併による解散登記申請書

1．会社法人等番号　　○○○○-○○-○○○○○○
　　フリガナ　　　　　○○
1．名　称　　　　　　○○労働者協同組合
1．主たる事務所　　　○県○市○町○丁目○番○号
1．登記の事由　　　　新設合併による解散
1．登記すべき事項　　別紙のとおり
1．添付書類　　　　　（注：添付書面は不要です）

　上記のとおり，登記の申請をします。
　　令和○○年○○月○○日
　　　　　　申請人
　　　　　　○○県○○市○町○丁目○番○号
　　　　　　□□労働者協同組合
　　　　　　○県○市○町○丁目○番○号
　　　　　　代表理事　　○○○○（※）
　　　　　　連絡先の電話番号　　○○○-○○○-○○○○
　　○○　法務局　　　支　局　御中
　　　　　　　　　　出張所

※新設合併存続組合の代表者が申請人となります。

登記すべき事項【別紙】

> 「登記記録に関する事項」△県△市△町△丁目△番△号△△労働者協同組合と合併し，○県○市○町○丁目○番○号□□労働者協同組合を設立し解散

なお，参考までに，設立委員による役員選任に関する書面のサンプルは以下のとおりです。

役員選任決定書

　設立委員全員出席の上，出席設立委員全員一致により，設立当初の役員を次のとおり選任する。
　　　理事　　○○○○，○○○○，○○○○
　　　監事　　○○○○
以上の決定を証するため，設立委員全員が次に記名押印する。
　　　令和○○年○○月○○日
　　　　　　　　　　　□□労働者協同組合
　　　　　　　　　設立委員　　○○○○
　　　　　　　　　設立委員　　○○○○
　　　　　　　　　設立委員　　○○○○
　　　　　　　　　設立委員　　○○○○

(7) 届　出

　労働者協同組合は，合併したときは，合併の日から2週間以内に，登記事項証明書を添えて，その旨を行政庁に届け出なければなりません（労協法91条）。また，合併理由書，新設合併設立存続組合の定款，合併契約の内容を記載した書面またはその謄本，新設合併設立組合の事業計画書および収支予算書，合併

契約の承認に係る総会議事録，新設合併消滅組合の最終の事業年度末日におけ
る貸借対照表，合併をやめることを請求した組合員があるときは当該請求に係
る手続の経過を記載した書面，債権者保護手続の結果，異議を述べた債権者が
いる場合は，それに対応したこと，あるいは，合併をしても当該債権者を害す
るおそれがないことを証する書面，新設合併設立法人の役員の氏名および住所
を記載した書面の添付も必要とされています（労施規77条）。

　届出書のサンプルは以下のとおりです。

【届出書サンプル】

令和○○年○○月○○日

・・・・・都道府県知事殿

　　新設合併設立組合の住所及び名称　○県○市○町○丁目○番○号
　　　　　　　　　　　　　　　　　　□□労働者協同組合
　　　　　　　　　　　　　　　　　　代表理事　　○○○○
　　新設合併消滅組合の住所及び名称　○県○市○町○丁目○番○号
　　　　　　　　　　　　　　　　　　○○労働者協同組合
　　　　　　　　　　　　　　　　　　設立委員　○○○○
　　　　　　　　　　　　　　　　　　設立委員　○○○○
　　新設合併消滅組合の住所及び名称　△県△市△町△丁目△番△号
　　　　　　　　　　　　　　　　　　△△労働者協同組合
　　　　　　　　　　　　　　　　　　設立委員　　○○○○
　　　　　　　　　　　　　　　　　　設立委員　　○○○○

　　　　　　　　　労働者協同組合合併届書

　労働者協同組合法第91条の規定により労働者協同組合の合併を別紙の合併理由
書その他の必要資料を添えて届け出ます。

(8)　事後開示

　新設合併設立組合は，成立の日後遅滞なく，新設合併により承継した新設合

併消滅組合の権利義務その他の新設合併に関する事項として厚生労働省令で定める事項を記載し，または記録した書面または電磁的記録を作成し，合併の効力発生日から6カ月間，主たる事務所に備え置かねばなりません。新設合併設立組合の組合員および債権者は，当該組合の業務取扱期間内は，いつでも，当該書面等の閲覧・謄写等の請求をすることができます（労協法89条6〜8項）。

　厚生労働省令で定める事項は，以下のとおりです。

ア　新設合併が効力を生じた日

イ．新設合併消滅組合における次に掲げる事項

・新設合併消滅組合の組合員が新設合併をやめることを請求した場合の請求に係る手続の経過

・債権者保護手続の手続の経過

ウ．新設合併により新設合併設立組合が新設合併消滅組合から承継した重要な権利義務に関する事項

エ．前各号に掲げるもののほか，吸収合併に関する重要な事項

Ⅳ　組織変更

労働者協同組合法の附則の規定により，労働者協同組合法施行後 3 年間，すなわち，令和 7 年 9 月30日までは，企業組合とNPO法人は，労働者協同組合へ組織変更をすることが認められています。

労働者協同組合法施行前は根拠法がなかったため，労働者協同組合の性質を有する団体が法人格を取得する際，主に，企業組合とNPO法人の制度が選択されていたためです。

そのため，労働者協同組合法施行後は，任意団体から法人格を取得する場合に，労働者協同組合が選択されると思われるほか，施行後 3 年間は，企業組合とNPO法人の中に，労働者協同組合への組織変更を検討する団体もあるものと思います。

以下では，企業組合とNPO法人からの組織変更の登記に関係する部分の手続を説明いたします。その手続は類似するものが多いため，あわせて説明いたします。

【組織変更手続の流れ】

企業組合	NPO法人
組織変更計画の作成	組織変更計画の作成
↓	↓
総会での組織変更計画の承認	総会での組織変更計画の承認
↓	↓
組織変更の議決等の内容および貸借対照表を公告	組織変更の議決等の内容および貸借対照表を公告
↓	↓
債権者異議申述公告（官報）および債権者への個別催告	債権者異議申述公告（官報）および債権者への個別催告
↓	↓
効力発生 企業組合員への出資の割当て	効力発生
↓	↓
代表理事選定理事会	代表理事選定理事会 組合員となる者の出資の第1回払込み
↓	↓
組織変更の登記	組織変更の登記
↓	↓
組織変更の届出	組織変更の届出
事後開示	事後開示

※NPO法人については，定款に組織変更時財産を記載し，NPO法人が解散した場合は，当該財産額から，行政庁から確認を受けた事業の損失額を控除した財産額は，NPO法人の定款に定められた者があればその者，なければ，国または地方公共団体に帰属させる必要があります。

1．組織変更手続

(1)　組織変更計画の作成

　組織変更する場合に作成すべき組織変更計画に記載しなければならない事項は以下のとおりです（労協法附則5条4項，16条4項）。

企業組合	NPO法人
ア．組織変更後の組合（以下，「組織変更後組合」という）の事業，名称および事務所の所在地	ア．組織変更後の組合（以下，「組織変更後組合」という）の事業，名称および事務所の所在地
イ．アに掲げるもののほか，組織変更後組合の定款で定める事項	イ．アに掲げるもののほか，組織変更後組合の定款で定める事項
ウ．組織変更後組合の理事の氏名	ウ．組織変更後組合の理事の氏名
エ．組織変更後組合の監事の氏名（組織変更後組合が監査会設置組合である場合にあっては，その旨）	エ．組織変更後組合の監事の氏名（組織変更後組合が監査会設置組合である場合にあっては，その旨）
オ．組織変更をする企業組合の組合員が組織変更に際して取得する組織変更後組合の出資の口数またはその口数の算定方法	（NPO法人には準用されない）
カ．組織変更をする企業組合の組合員に対するオの出資の割当てに関する事項	（NPO法人には準用されない）
キ．効力発生日	オ．効力発生日
ク．ア～キに掲げる事項のほか，厚生労働省令で定める事項	カ．ア～オに掲げる事項のほか，厚生労働省令で定める事項

　なお，企業組合のクとNPO法人のカの厚生労働省令で定める事項ですが，

本書執筆時点では，規定されていません。

　企業組合に規定されているオとカがNPO法人の組織変更計画に準用されないのは，企業組合は，組合員が持分を有するのに対し，NPO法人では社員が持分を有しないためだと思われます。そのため，NPO法人では，組織変更に際し，出資の払込みの手続が必要となります（労協法附則17条）。

　組織変更計画書のサンプルは，以下のとおりです。法令上最低限の内容です。適宜，内容を追加・修正願います。

【組織変更計画書サンプル】

組織変更計画書

　企業組合○○（以下，「甲」という。）は，労働者協同組合に組織変更することに関し，以下のとおり計画する。

（定　款）
第1条　組織変更後の労働者協同組合（以下，「乙」という。）の事業，名称，事務所の所在地その他定款で定める事項は，別紙定款のとおりとする。

（役　員）
第2条　乙の理事及び監事は，次のとおりとする。
　　　　　　理事　　○○○○
　　　　　　理事　　○○○○
　　　　　　理事　　○○○○
　　　　　　監事　　○○○○

（組合員が取得する労働者協同組合の出資の口数）
第3条　甲の組合員が組織変更に際して取得する乙の出資の口数は，○○口とする。

（出資の割当て）
第4条　前条に定める出資の口数は，甲の組合員に対して，甲に対する出資1口につき乙の出資○口を割当てる。

（効力発生日）

第5条　組織変更がその効力を生ずる日は，令和○○年○○月○○日とする。た
　　だし，組織変更手続の進行に応じ必要があるときは，これを変更すること
　　ができる。

　上記計画を証するため，本書を作成する。

　令和○○年○○月○○日
　　　○○県○○市○町○丁目○番○号
　　　　企業組合○○
　　　　代表理事　○○○○

(2)　組織変更計画の承認

　作成した組織変更計画について，企業組合では総会，NPO法人では社員総
会の議決により，その承認を受けなければなりません。必要な議決は，企業組
合については，特別の議決（中小企業等協同組合法53条），NPO法人については，
解散の決議と同要件の決議（特定非営利活動促進法31条の2）です。

(3)　組織変更の議決等の内容および貸借対照表の公告

　組織変更の議決を行ったときは，当該議決の日から2週間以内に，議決の内
容および貸借対照表を公告しなければなりません（労協法附則6条1項）。この
公告は，企業組合またはNPO法人の定款に定める公告方法によります。

(4)　債権者異議申述公告（官報）および債権者への個別催告

　組織変更をする企業組合またはNPO法人の債権者は，当該企業組合または
NPO法人に対し，組織変更について異議を述べることができます。そのため，

組織変更をする企業組合またはNPO法人は，次に掲げる事項を官報に公告し，かつ知れている債権者には各別にこれを催告しなければなりません（労協法附則6条3項）。

> ・組織変更をする旨
> ・債権者が一定の期間内に異議を述べることができる旨
>   （この期間は，1カ月を下ることができない）

　ただし，組織変更をする企業組合またはNPO法人が，公告を，官報のほか，定款の公告方法（時事に関する事項を掲載する日刊新聞紙に掲載する方法または電子公告）により行う場合は，各別の催告は行う必要がありません（労協法附則6条4項）。債権者が，異議申述期間内に異議を述べなかったときは，当該債権者は，組織変更について，承認したものとみなされます（労協法附則6条5項）。

　債権者が異議を述べた場合は，企業組合またはNPO法人は，当該債権者に対し，弁済し，もしくは，相当の担保を提供し，または当該債権者に弁済を受けさせることを目的として，信託会社等に相当の財産を信託しなければなりません。ただし，組織変更をしても，当該債権者を害するおそれがないときは，弁済等は不要です（労協法附則6条6項）。

(5) 組織変更の効力の発生

　組織変更をする企業組合またはNPO法人は，効力発生日に労働者協同組合となります（労協法附則11条1項）。

(6) 代表理事の選定

　組織変更後の労働者協同組合の代表理事を決定する必要があります。この決定は，組織変更の効力発生後に，労働者協同組合の理事が理事会を開催して決

定するというのが，本書執筆時点における厚生労働省の見解です[65]。つまり，効力発生日後，登記を申請するまでに行うことになります。しかし，前記厚生労働省の見解によれば，効力発生日前に理事会を開催し，代表理事を選定したとしても，それだけで組織変更に瑕疵があるとは考えていないとのことであり，効力発生日前に開催した理事会で代表理事を選定しても，無効ではないと考えられますが，実務上は効力発生後に行うのが無難でしょう。

なお，理事会で決定せず，組織変更計画において，定款で定める事項として代表理事の氏名を記載し，代表理事を選定することも可能です[66]。また，前記厚生労働省の見解によれば，定款に，代表理事は総会で定める旨の規定を設け，組織変更の効力発生日後に総会を開催して代表理事を定める，あるいは，組織変更の効力発生日後に代表理事を定める定款の変更をする方法も許容されるとのことでした。

(7)　組合員の確定

組織変更をする企業組合，NPO法人は，労働者協同組合に組織変更後の組合員を確定する必要があります。その手続は，企業組合の組合員が持分を有するのに対し，NPO法人の社員は持分を有しないことから，手続が異なります。

①　企業組合

組織変更をする企業組合の組合員（組織変更に反対し，持分の払戻しを請求した者（労協法附則7条1項）を除く）は，効力発生日に，組織変更計画の定めるところにより，組織変更後の労働者協同組合の出資の割当てを受けます（労協法附則8条1項）。この出資の割当ては，組織変更をする企業組合の組合員の出資口数に応じて行われます（労協法附則8条2項）。

65　法務省の担当部局に照会したところ，所管する厚生労働省に確認した結果として，回答をいただきました。
66　令和4年9月21日法務省民商第439号第5，2(2)イ(イ)c等

　この割当てを受けることにより，企業組合の組合員は，労働者協同組合の組合員となります。なお，組織変更を承認する総会に先立って，企業組合に対し書面をもって組織変更に反対の意思を通知したものは，組織変更の議決の日から20日以内に書面をもって持分の払戻しを請求することにより，効力発生日に当該企業組合を脱退することになります。この場合は，前記の割当ての対象から除外されます。

②　NPO法人

　理事は，組織変更計画の承認がなされたときは，遅滞なく出資の第1回の払込みをさせなければなりません（労協法附則17条1項）。労働者協同組合法25条2項（出資1口につき，4分の1以上の払込み），3項（現物出資者は全部の給付）を準用しています（労協法附則17条2項）。「理事は」とありますが，この払込みの職務を行うのは，労働者協同組合の理事として定められた者であり，理事会で代表理事として選定された者がその業務を行うのだと考えられます。

　よって，この払込みも効力発生日後に行うのが原則ということになります。この点，組織変更の承認後，遅滞なく払込みをさせるものとされているため（労協法附則17条1項），効力発生日の前に行うべきとも思えますが，厚生労働省の見解によれば，直ちにさせると規定されているわけではないので，そうした解釈になるとのことでした。なお，組織変更の登記の際に記載する出資の総口数と払込済出資総額は，申請までに払込みがあったものについて登記することになります。

　払込みがなければ，組合員とはなりませんので，前記のように払込みが効力発生後となると，効力発生時点では組合員が存在しないことになり，個人的には，若干違和感がありますが，以上が厚生労働省の見解です。実務上は，この考え方によることになります。

　ただし，前記のとおり，代表理事を選定する理事会も，組織変更の効力発生日前に開催することも許容されていると考えられます。その考え方によれば，効力発生日前に，理事会を開催して代表理事を選定し，出資の払込みが行われ

ることも許容されることになると考えます。厚生労働省の想定は，効力発生日後に代表理事の選定と出資の払込みが行われるという流れであり，実務はそうすべきだと考えますが，組織変更計画を承認する総会後，組織変更の登記の前に行われるのであれば，組織変更の効力は否定されないものと考えられます。

(8)　組織変更の登記

　組織変更の効力が生じたら，効力発生日から2週間以内に，企業組合，NPO法人については，解散の登記をし，労働者協同組合については，設立の登記をしなければなりません。企業組合からの組織変更を想定して，申請書のサンプルを示します。

【組織変更による設立登記申請書サンプル】

企業組合の組織変更による労働者協同組合設立登記申請書

フリガナ	○○	
1．名　称	○○労働者協同組合	
1．主たる事務所	○○県○○市○町○丁目○番○号	
1．登記の事由	組織変更による設立	
1．登記すべき事項	別紙のとおり	
1．添付書類		
	総会議事録	1通（注）
	組織変更計画書	1通
	定款	1通
	理事会議事録	1通
	代表理事の理事及び代表理事の就任承諾書	2通
	公告及び催告をしたことを証する書面	2通
	異議を述べた債権者はいない旨の上申書	1通
	（委任状	1通）

```
上記のとおり，登記の申請をします。

    令和○○年○○月○○日

              申請人
              ○○県○○市○町○丁目○番○号
              ○○労働者協同組合
              ○県○市○町○丁目○番○号
              代表理事　　○○○○
              連絡先の電話番号　○○○－○○○－○○○○
    ○○　法務局　　　支　局　御中
              出張所
```

注）組織変更計画を承認する総会議事録については，労働者協同組合法施行令および
　登記通達[67]には記載がありませんが，理事の選任を証する書面として添付する必要
　があります。実質的には，組織変更計画の承認を証する書面といえるでしょう。

※NPO法人からの組織変更の場合，出資の総口数および払込済出資総額を証する書
　面も必要になるとも考えられます。具体的には出資引受書と受領証（あるいは通帳
　の写し等）です。しかし，これらの書面については，根拠法令である労働者協同組
　合法施行令にも規定がなく，登記通達[68]にも記載がありません。これについて，本
　書執筆時点で法務省に確認したところ，労働者協同組合法施行令に規定がないため，
　登記通達でも，添付書面としなかったとの回答をいただきました。司法書士が代理
　人として申請する場合には，委任状に登記する出資の総口数および払込済出資総額
　の記載があれば受理することになるという回答でした。ただし，司法書士が代理人
　として申請する場合には，出資の総口数および払込済出資総額を証する書面を準備
　することが望ましいと考えます。

登記すべき事項【別紙】

```
「名称」○○労働者協同組合
「主たる事務所」○○県○○市○町○丁目○番○号
「目的等」
事業
(1)　○○事業
```

67　令和4年9月21日法務省民商第439号
68　令和4年9月21日法務省民商第439号

(2)　○○事業

(3)　前各号に附帯又は関連する一切の事業

「役員に関する事項」

「資格」代表理事

「住所」○県○市○町○丁目○番○号

「氏名」○○○○

「公告の方法」本組合の公告は，本組合の掲示場に掲示してする。

「出資1口の金額」金○○円

「出資の総口数」○○口

「払込済出資総額」金○○○万円

「出資払込の方法」

　出資は，一時に全額を払い込まなければならない。ただし，組合に加入しようとするものは，本組合に対し，出資を分割して払い込むことができるものとし，この場合の出資第1回の払込金額は，1口につき，その金額の4分の1を下ることができない。

「登記記録に関する事項」

令和○○年○○月○○日企業組合○○を組織変更し設立

【組織変更による解散登記申請書サンプル】

企業組合の組織変更による解散登記申請書

1．会社法人等番号　　○○○○－○○－○○○○○○

　　フリガナ　　　　　○○

1．名　称　　　　　　企業組合○○

1．主たる事務所　　　○○県○○市○町○丁目○番○号

1．登記の事由　　　　組織変更による解散

1．登記すべき事項　　別紙のとおり

1．添付書類　　　　　（注：添付書面は不要です）

　上記のとおり，登記の申請をします。

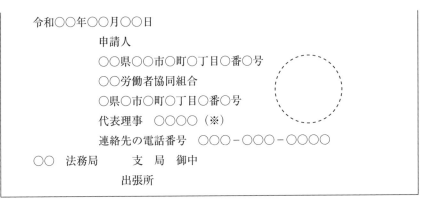

※組織変更により設立した労働者協同組合の代表者が申請人となります。

登記すべき事項【別紙】

「登記記録に関する事項」
令和○○年○○月○○日○○県○○市○町○丁目○番○号○○労働者協同組合に
組織変更し解散

⑼　行政庁への届出

　組織変更をした場合，企業組合は，中小企業等協同組合法111条１項（５号
に係る部分に限る）に規定する行政庁に届出を（労協法附則12条１項），NPO法
人については，特定非営利活動促進法９条に規定する所轄庁に届出をしなけれ
ばなりません。また，組織変更により設立した労働者協同組合については，通
常の設立時と同様に，登記事項証明書と定款を添え，役員の氏名および住所を
行政庁に届出をしなければなりません。この届出書のサンプルは，**第３章Ⅰ
１.** ⑴⑥をご参照ください。

⑽　事後開示

　組織変更後組合は，手続の経過，効力発生日その他の組織変更に関する事項を記載し，または記録した書面または電磁的記録を，効力発生日から6カ月間，主たる事務所に備え置かなければなりません。組織変更後組合の組合員および債権者は，組織変更後組合に対して，その業務取扱時間内は，いつでも，当該書面等の閲覧・謄写等の請求をすることができます（労協法附則13条，19条）。

⑾　その他

　NPO法人からの組織変更の場合，NPO法人が非営利法人であったことから，次に掲げる事項について，特別な規制を受けるものとされています。そのため，NPO法人から組織変更を検討する場合には，事前に監督庁に相談する等，特に慎重に進める必要があると考えます。

　　ア．組織変更時財産は，特定非営利活動に係る事業に該当する旨の行政庁の確認を受けた事業によって生じた損失の填補に充てる場合のほか，使用してはならない（労協法附則21条）。

　　イ．毎事業年度終了後，組織変更時財産の額に係る使用の状況を行政庁に報告しなければならない（労協法附則23条関係）。

　　ウ．解散した組合の残余財産のうち組織変更時財産の残額に相当するものは，NPO法人等に帰属させなければならない（労協法附則24条）。

第4章

特定労働者協同組合の申請等関係書式(参考)

1. 認定の申請

2. 変更の認定

3. 変更の届出

4. 報酬規程等の提出

5. 清算結了の届出

　特定労働者協同組合概要等については，**第1章3.** をご参照ください。本章では，特定労働者協同組合に関係する申請等の書式等を掲載いたします。

1．認定の申請

　特定労働者協同組合としての認定を受けるための申請は，厚生労働省令で定めるところにより，次に掲げる事項を記載した申請書を行政庁に提出しなければなりません（労協法94条の5第1項）。

> ア．名称および代表理事の氏名
> イ．事業を行う都道府県の区域および事務所の所在場所

　この申請書には，定款のほか，厚生労働省令で定める書類を添付しなければなりません。規定されているのは次の書類（労施規81条の3第2項）です。

> ア．役員の氏名，生年月日および住所を記載した書面
> イ．認定の基準（労協法94条の3）に適合することを説明した書類
> ウ．欠格事由（労協法94条の4第1号および同条2号から4号まで）のいずれにも該当しないことを説明した書類
> エ．以上のほか，行政庁が必要と認める書類

　申請書のサンプルは以下のとおりです。

```
                                          令和○○年○○月○○日
・・・・・都道府県知事殿
     組合の住所及び名称      ○県○市○町○丁目○番○号
                       ○○労働者協同組合
     組合を代表する理事の氏名   代表理事  ○○○○
              特定労働者協同組合認定申請書
   労働者協同組合法第94条の2に規定する認定を受けたいので，同法第94条の5
 第1項の規定により下記のとおり申請します。
                  記
 1   事業を行う都道府県の区域
 2   事務所の所在場所
```

2．変更の認定

　特定労働者協同組合は，主たる事務所の所在地の場所を変更しようとすると
きは行政庁の認定を受けなければなりません。ただし，変更前および変更後の
所在場所が同一の都道府県の区域である場合はこの限りではありません（労協
法94条の9，労施規81条の5）。

　この認定を受けようとする特定労働者協同組合は，厚生労働省令で定めると
ころにより，変更に係る事項を記載した書面を行政庁に提出しなければならず，
この申請書には後記の書類を添付しなければなりません。

　この申請書は，変更前の行政庁を経由して，変更後の行政庁に提出しなけれ
ばなりません。

　なお，主たる事務所を変更する場合は，定款の主たる事務所の変更も必要で
すし，事業を行う都道府県の区域が変更になり，この定款変更を行う場合も多
いと思います。この定款変更に関する届出も必要になると思いますので，注意
が必要です。

【添付が必要な書面】（労施規81条の6）

> ア．定款
>
> イ．役員の氏名，生年月日および住所を記載した書面
>
> ウ．認定の基準（労協法94条の3）に適合することを説明した書類
>
> エ．欠格事由（労協法94条の4第1号および同条2号から4号まで）のいずれにも該当しないことを説明した書類
>
> オ．変更を決議した総会または総代会の議事録の写し
>
> カ．当該変更が合併または事業の譲渡に伴うものである場合には，その契約書の写し
>
> キ．以上のほか，行政庁が必要と認める書類

　申請書のサンプルは以下のとおりです。

令和○○年○○月○○日

・・・・・都道府県知事殿

　　　　　組合の住所及び名称　　　　　△県△市△町△丁目△番△号

　　　　　　　　　　　　　　　　　○○労働者協同組合

　　　　　組合を代表する理事の氏名　代表理事　○○○○

　　　　　　　　　　　変更認定申請書

　労働者協同組合法第94条の9第1項に規定する変更の認定を受けたいので，同条第2項の規定により下記のとおり申請します。

記

変更に係る事項	変 更 後	変 更 前
	△県△市△町△丁目△番△号	○県○市○町○丁目○番○号
変更の理由	事業上の都合上，主たる事務所の所在場所を△県に移す必要があるため。	
変更予定年月日	令和○○年○○月○○日	

3．変更の届出

　特例労働者協同組合は，名称または代表理事の氏名の変更（合併に伴うもの
を除く）があったときは，厚生労働省令で定めるところにより，遅滞なく，そ
の旨を行政庁に届け出なければなりません。この届出書には，以下の場合の区
分に応じ，それぞれに定められた書類を添付しなければなりません（労協法94
条の10，労施規81条の８）。

ア．名称の変更があった場合
　　定款その他行政庁が必要と認める書類

イ．代表理事の氏名の変更があった場合
　　代表理事の氏名，生年月日，住所を記載した書類，代表理事が欠格事由
　　（労協法94条の４第１号）に該当しないことを説明した書類その他行政庁
　　が必要と認める書類

　届出書のサンプルは以下のとおりです。

　　　　　　　　　　　　　　　　　　　　　令和○○年○○月○○日
・・・・・都道府県知事殿
　　　　組合の住所及び名称　　　　△県△市△町△丁目△番△号
　　　　　　　　　　　　　　　　　△△労働者協同組合
　　　　組合を代表する理事の氏名　代表理事　○○○○
　労働者協同組合法第94条の10第１項に掲げる変更をしたので，同項の規定によ
り下記のとおり届け出ます。
　　　　　　　　　　　　　　　　記

変更に係る事項	変　更　後	変　更　前
	△△労働者協同組合	○○労働者協同組合
変更の理由	事業上の都合のため	
変更年月日	令和○○年○○月○○日	

4．報酬規程等の提出

　特定労働者協同組合は，厚生労働省令で定めるところにより，毎事業年度1回，以下の書類（以下，「報酬規程等」という）を作成し，行政庁に提出しなければなりません。ただし，報酬規程等のうち，アの書類については，既に行政庁に提出されている当該書類の内容に変更がない場合は，提出は不要です（労施規94条の12，94条の13）。

　ア．前事業年度の特定労働者協同組合の事業に従事する者に対する報酬および
　　　給与の支給に関する規程
　イ．前事業年度の役員名簿（役員の氏名および住所を記載した名簿)
　ウ．その他厚生労働省令で定める書類

　　　　　　　　　　　　　　　　　　　　令和○○年○○月○○日
　・・・・・都道府県知事殿
　　　　　組合の住所及び名称　　　　△県△市△町△丁目△番△号
　　　　　　　　　　　　　　　　　　△△労働者協同組合
　　　　　組合を代表する理事の氏名　代表理事　○○○○
　　　　　　　　特定労働者協同組合報酬規程等提出書
　　労働者協同組合法第94条の13の規定により別紙の特定労働者協同組合の報酬規程等を提出します。

5．清算結了の届出

　特定労働者協同組合の清算人は，清算が結了したときは，遅滞なく，その旨を行政庁に届け出なければなりません（労協法94条の18）。
　これについては，届出書の様式は，労働者協同組合法施行規則では特に定められていませんが，参考までに次のようなものでよいと考えます。

令和○○年○○月○○日

・・・・・・都道府県知事殿

　　　組合の住所及び名称　　　　△県△市△町△丁目△番△号

　　　　　　　　　　　　　　　　△△労働者協同組合

　　　組合を代表する理事の氏名　代表理事　○○○○

清算結了届

　当組合は，令和○○年○○月○○日に解散し，清算手続をしておりましたが，令和○○年△△月△△日に，清算が結了しましたので，労働者協同組合法第94条の18第1項の規定により届け出ます。

【著者紹介】

立花　宏（たちばな　ひろし）

1968年，宮城県仙台市生まれ。東北大学（教）卒。ゼネコン（総合建設業）出身。
司法書士（簡裁訴訟代理等関係業務認定）・行政書士。ESG法務研究会会員。（一社）商業
登記倶楽部会員。

主な著書・論文

『商業登記実務から見た合同会社の運営と理論第2版』（中央経済社，2021），『商業登記
実務から見た中小企業の株主総会・取締役会』（中央経済社，2017），『Q&A商業登記と
会社法』（共著，新日本法規，2022），『論点解説　商業登記法コンメンタール』（共著，
金融財政事情研究会，2017）

【連絡先】

〒980-0022　仙台市青葉区五橋一丁目4番24号　ライオンズビル五橋702号
　　　　　　立花宏 司法書士・行政書士事務所
　　　　　　Tel　022－302－6906　　Fax　022－302－6907

西山　義裕（にしやま　よしひろ）

1967年，北海道札幌市生まれ。早稲田大学（法）卒。食品メーカー出身。
司法書士（簡裁訴訟代理等関係業務認定）・行政書士。登記法学会会員。（一社）商業登記
倶楽部会員。
前日本司法書士会連合会理事

主な著書・論文

『平成26年改正　会社法商業登記　理論・実務と書式』（共著，弁護士会館ブックセン
ター出版部　LABO，2015），「商業登記制度の今後への期待～真実性の確保を中心に～」
（旬刊商事法務2182号）

【連絡先】

〒064-0918　札幌市中央区南18条西10丁目1番21号西山ビル2階
　　　　　　やまはな綜合登記事務所
　　　　　　Tel　011－563－3232　　Fax　011－563－3366

法人登記実務から見た 労働者協同組合の運営

2023年8月1日　第1版第1刷発行

著　者　立　花　　　宏
　　　　西　山　義　裕
発行者　山　本　　　継
発行所　㈱中央経済社
発売元　㈱中央経済グループ
　　　　パブリッシング

〒101-0051　東京都千代田区神田神保町1-35
電話　03 (3293) 3371 (編集代表)
　　　03 (3293) 3381 (営業代表)
https://www.chuokeizai.co.jp
印刷／㈱堀内印刷所
製本／㈲井上製本所

ⓒ 2023
Printed in Japan

＊頁の「欠落」や「順序違い」などがありましたらお取り替えいた
しますので発売元までご送付ください。(送料小社負担)
ISBN978-4-502-46881-0　C3032